Anatol Dutta
Reform des deutschen Namensrechts

Schriftenreihe der Juristischen Gesellschaft zu Berlin

—

Heft 198

Anatol Dutta

Reform des deutschen Namensrechts

Aktualisierte und erweiterte Fassung des am 13. November 2019
vor der Juristischen Gesellschaft zu Berlin gehaltenen Vortrages

In Gedenken an
Reinhard Hepting (1946–2012)

DE GRUYTER

Prof. Dr. *Anatol Dutta*, M. Jur. (Oxford)
Inhaber des Lehrstuhls für Bürgerliches Recht, Internationales Privatrecht und
Rechtsvergleichung an der Ludwig-Maximilians-Universität München.

ISBN 978-3-11-070959-9
e-ISBN (PDF) 978-3-11-070987-2
e-ISBN (EPUB) 978-3-11-070995-7
DOI https://doi.org/10.1515/9783110709872

Library of Congress Control Number: 2020914400

Bibliografische Information der Deutschen Nationalbibliothek
Die Deutsche Nationalbibliothek verzeichnet diese Publikation in der Deutschen
Nationalbibliografie; detaillierte bibliografische Daten sind im Internet über
http://dnb.dnb.de abrufbar.

© 2020 Juristische Gesellschaft zu Berlin,
publiziert von Walter de Gruyter GmbH, Berlin/Boston
Druck und Bindung: CPI books GmbH, Leck

www.degruyter.com

Inhalt

Vorbemerkung

Das vorliegende Heft dokumentiert die erweiterte und aktualisierte Fassung eines Vortrags, den ich am 13. November 2019 im Kammergericht vor der Juristischen Gesellschaft zu Berlin gehalten habe. Ich danke dem Vorstand der Gesellschaft für die Einladung und die Aufnahme in die Schriftenreihe.

Vortrag und Schriftfassung basieren auf früheren Überlegungen zur Reformbedürftigkeit des deutschen Namensrechts,[1] die ich allerdings ergänzt, vertieft, teilweise hinterfragt und – hoffentlich ausreichend – präzisiert habe. Das Manuskript wurde kurz vor Ostern 2020 während der Corona-Pandemie abgeschlossen; wegen der Bibliotheksschließungen musste ich bei der letzten Materialrecherche Abstriche machen. Gegenüber der Vortragsfassung galt es, vor allem im letzten Abschnitt (unten V.), die namensrechtlichen Reformvorschläge eines Eckpunktepapiers vom 11. Februar 2020[2] zu berücksichtigen, die eine Arbeitsgruppe des Bundesinnenministeriums und des Bundesjustizministeriums verfasst hat. Da ich als Mitglied der Arbeitsgruppe an diesem Papier – das freilich das Ergebnis vielfältiger Kompromisse ist – mitgewirkt habe, die Klarstellung: Die folgenden Ausführungen geben ausschließlich meine persönlichen Ansichten wieder.

---

1 Vor allem *Anatol Dutta* Reform des Namensrechts? ZRP 2017, 47.
2 Eckpunkte zur Reform des Namensrechts, abgedruckt in StAZ 2020, 136 und FamRZ 2020, 902; nach Abschluss des Manuskripts erschienen ist die Besprechung des Eckpunktepapiers von *Heinrich Bornhofen* Eckpunkte zur Reform des Namensrechts – Meilensteine oder fromme Wünsche? StAZ 2020, 162.

I Im Dickicht des geltenden Namensrechts

Das Namensrecht ist in den vergangenen sechzig Jahren zu einem für Außenstehende auf Anhieb kaum zu überblickenden „Normengewirr"[3] angewachsen. Genügten der Urfassung des Bürgerlichen Gesetzbuchs noch wenige schlanke Paragraphen, um die Bürger mit einem Namen auszustatten, haben die späteren Gesetzgeber in zahlreichen Reformen das Recht der Personennamen erheblich aufgebläht.

Die Vorschriften zum Geburtsnamen (§§ 1616 ff. BGB), Ehe- und Begleitnamen (§ 1355 BGB) regeln die auf den ersten Blick recht triviale Frage nach dem Familiennamen eines Menschen mit großer Liebe zum Detail. Welchen verheirateten Bürgerinnen und Bürgern ist etwa bewusst, dass sie als Ehegatten nach der Eheschließung – auch wenn sie ihren Namen als gemeinsamen Ehenamen durchgesetzt haben – neben diesem Ehenamen als geführtem Familiennamen weiter ihren gleichlautenden Geburtsnamen behalten und es zu einer „verdeckten Namensänderung"[4] kommt. So trage ich z. B. – weil meine Ehefrau und ich vor vielen Jahren den Ehenamen „Dutta" gewählt haben – rechtlich den Namen „Dutta geborener Dutta". Dieser gleichlautende Geburtsname kann später sogar ein Eigenleben entwickeln. Nur ein Beispiel von vielen: Wird ein Ehegatte, dessen Geburtsname Ehename geworden ist, adoptiert, erhält dieser Ehegatte als Geburtsnamen den Namen des Annehmenden (§ 1757 Abs. 1 S. 1, § 1767 Abs. 2 BGB). Dieser Erwerb vollzieht sich zwar zunächst recht unauffällig, wenn sich diese Namensänderung nicht auf den Ehenamen erstreckt, weil der andere Ehegatte sich dieser nicht anschließt (§ 1767 Abs. 2 S. 3 BGB). Der Namenserwerb kraft Adoption besitzt aber durchaus Relevanz. Der Ehegatte kann etwa nach einer Beendigung der Ehe zu seinem Geburtsnamen zurückkehren (§ 1355 Abs. 5 S. 2 Fall 1 BGB) und nun den durch Adoption erlangten „schlafenden" Geburtsnamen wählen (§ 1355 Abs. 6 BGB) – aber auch zu dem ursprünglichen Geburtsnamen als zum Zeitpunkt der Bestimmung des Ehenamens „geführten" Namen zurückkehren (§ 1355 Abs. 5 S. 2 Fall 2 BGB).

---

3 *Fritz Sturm* Europäisches Namensrecht im dritten Jahrtausend – Ein Blick in die Zukunft, in: FS für Dieter Henrich (2000) S. 611 (618); von „einem Zustand heillosen Wirrwarrs" spricht *Paul Heinrich Neuhaus* Die Kinder der neuen „Familien", ZfJ 1981, 37 (42).
4 Zu diesem Phänomen ausführlich *Berthold Gaaz* Verdeckte Namensänderungen, StAZ 2000, 357.

Allenfalls bei den Regeln zum *Vornamen* seiner Bürger hält sich der Gesetzgeber bedeckt,[5] jedenfalls bis vor Kurzem. Das Gesetz schweigt weitgehend zur
Bestimmung des Vornamens durch die Eltern als Ausübung ihrer Personensorge[6]
und überlässt dieses Thema der Rechtsprechung, die mittlerweile eine liberale
Position einnimmt, was die Zulässigkeit von Vornamen anbelangt. Insbesondere
sind – auch aus verfassungsrechtlichen Gründen, auf die ich später noch einge-
hen muss (unten IV. 3.) – die Zeiten vorbei, in denen der von den Eltern gewählte
Vorname gebräuchlich sein muss.[7] „Saphina-Amber" oder „Coco-Phelia" – Namen aus der Umgebung meiner eigenen Kinder – lassen heute weder den Puls
eines Standesbeamten noch den eines spielplatzgestählten Vaters in die Höhe
schnellen. Der elterlichen Kreativität setzt nur das Kindeswohl eine Grenze: Die
Eltern dürfen mit ihrer Vornamenswahl weder Befremden noch Anstoß erregen,
das Kind weder der Lächerlichkeit preisgeben noch in der Entfaltung seiner
Persönlichkeit beeinträchtigen.[8] Wo die Grenze zum kindeswohlwidrigen Vornamen verläuft, ist freilich oftmals schwer zu bestimmen, wie sich vor ein paar
Jahren auch hier im Kammergericht zeigte. Der 1. Zivilsenat sah den Namen
„Djehad" als kindeswohlgemäß an.[9] Einerseits ist dieser Name („für Gott kämp-
fen") in der arabischen Welt nicht vollkommen unüblich, ähnlich wie bei uns der
Name „Gotthilf" – der Senat beruft sich in seiner Entscheidung zur Zulässigkeit
dieses Namens daher auch auf „muslimische Rechtsgelehrte". Andererseits werden die Assoziationen, die der Name „Djehad" hervorruft, in einem europäisch
geprägten Milieu wohl überwiegend nicht an dessen Semantik orientiert sein.
Zunächst kann für die Zulässigkeit eines Vornamens nur die spontane Reaktion
des sozialen Umfelds maßgeblich sein; es ist dem Kind als Namensträger nicht
zumutbar, seinen Namen stets mit sprachwissenschaftlichen Ausführungen zu
erklären.[10] Die meisten Zeitgenossen in unserer Umgebung werden bei „Djehad"
spontan an das Konzept des „Heiligen Krieges" denken, auch wenn es sich hierbei
um eine falsche Übersetzung des Namens handeln sollte. Und diese Assoziation
kann das Kind durchaus der Lächerlichkeit preisgeben. Stellen Sie sich nur für

---

5 Wobei in der Vergangenheit immer wieder eine gesetzliche Regelung der Vornamensbestimmung gefordert wurde, etwa von *Uwe Diederichsen* Vornamensgebung als Aufgabe für den Gesetzgeber, in: FS für Dieter Henrich (2000) S. 101; siehe auch den Vorschlag von *Nicole Arndt* Die
Geschichte und Entwicklung des familienrechtlichen Namensrechts in Deutschland unter Berücksichtigung des Vornamensrechts (2003) S. 221 ff.
6 Etwa *Reinhard Hepting/Anatol Dutta* Familie und Personenstand (3. Aufl. 2019) Rn. IV-338 ff.
7 *Hepting/Dutta* (vorige Fn.) Rn. IV-373 ff.
8 *Hepting/Dutta* (Fn. 6) Rn. IV-358 ff.
9 KG 30.6.2009, StAZ 2009, 271 (272).
10 *Hepting/Dutta* (Fn. 6) Rn. IV-386; zu Recht kritisch auch *Fabian Wall* Darf ein Kind in
Deutschland „Djehad" heißen? NJOZ 2010, 2344.

einen Augenblick die Reaktionen vor, die an einem Samstagnachmittag in einem Ladengeschäft eines internationalen Möbelkonzerns – bis vor nicht allzu langer Zeit[11] – die Durchsage: „Liebe Eltern, der kleine Djehad möchte im Småland abgeholt werden" auslösen würde.

Aber auch beim Vornamen ist der Gesetzgeber mittlerweile auf den Plan getreten, und zwar für den Fall, dass der Bürger mit der Reihenfolge seiner Vornamen nicht einverstanden ist. Der Namensträger kann seit dem 1. November 2018 durch Erklärung gegenüber dem Standesamt seine Vornamen neu sortieren. Möglich macht diese Vornamenssortierung nach einer Reform des Personenstandsgesetzes[12] (PStG) ein neuer § 45a PStG[13], dessen Regelungsumfang wieder einmal zeigt, dass im Namensrecht der Bundesrepublik Deutschland nichts einfach sein kann.

Man sollte sich indessen vom beeindruckenden Normenbestand nicht täuschen lassen. Das deutsche Namensrecht ist weit von einem in sich schlüssigen System entfernt: Das Dickicht ist vor allem durch gesetzgeberische Nachjustierungen für Einzelkonstellationen gewachsen – bereits ein ausreichendes Indiz für einen grundlegenden Reformbedarf. Dabei hat der Gesetzgeber nicht einmal alle namensrechtlichen Fragen geregelt, die praktische Relevanz besitzen: Zu nennen ist neben der eben erwähnten Vornamensbestimmung insbesondere der Schutz des Vertrauens in einen tatsächlich geführten, aber rechtlich unrichtigen Namen, zu dem sich bisher vor allem die verfassungs- und unionsrechtliche Rechtsprechung geäußert hat.[14] Die Möglichkeit einer Namensersitzung bedarf einer rechtsklaren Regelung, wie nunmehr auch das eingangs erwähnte Eckpunktepapier des Bundesinnenministeriums und des Bundesjustizministeriums fordert.[15]

Diese Einschätzung zum Status quo des deutschen Namensrechts ist freilich nichts Neues: Das Urteil der Fachkreise fällt seit Jahrzehnten vernichtend aus, wie

---

11 Der namenskundlich neugierige Verfasser bedauert sehr, dass die IKEA Deutschland GmbH & Co. KG, jedenfalls in den vom Verfasser frequentierten Ladengeschäften, seit einiger Zeit einsame Småland-Kinder nicht mehr öffentlich ausruft, sondern die Eltern mittels vibrierender Transponder benachrichtigt.
12 Personenstandsgesetz vom 19. 2. 2007, BGBl. 2007 I S. 122.
13 Eingefügt durch das Zweite Gesetz zur Änderung personenstandsrechtlicher Vorschriften vom 17. 7. 2017, BGBl. 2017 I S. 2522.
14 Siehe die grundlegende Systematisierung von *Reinhard Hepting* Der Schutz des tatsächlich geführten Namens – Vertrauensschutz in der Rechtsprechung des BVerfG – und etwa auch des EuGH?, StAZ 2013, 1 und StAZ 2013, 34; siehe zuvor auch bereits *Günther Grasmann* Die internationale Identität des Familiennamens deutscher Mehrstaater nach deutschem IPR, StAZ 1989, 126 (138 ff.).
15 Eckpunkte zur Reform des Namensrechts (Fn. 2) S. 7 unter III. 8.

ein – freilich unvollständiger – Streifzug durch die Veröffentlichungen einiger Kenner der Materie zeigt:

- „Die Grundlinien des aktuellen Namensrechts sind verworren. Es ist so kompliziert geworden, dass stellenweise der Gesetzgeber selbst den Überblick verloren hat; dabei hat es – trotzdem oder gerade deswegen? – einen Großteil seiner traditionellen Funktionen eingebüßt, ist voller innerer Widersprüche.“[16]
- „Die Zeit ist reif dafür, das gesamte Namensrecht, dem eine einheitliche Struktur immer mehr verloren geht, grundlegend zu überarbeiten [...]. Denn dem Bürger kann nicht verständlich gemacht werden, was der Fachmann selbst nicht mehr versteht.“[17]
- „Das Ehenamensrecht steckt voller Regelungswidersprüche, die nur deswegen nicht offensichtlich sind, weil der Blick durch die Kompliziertheit getrübt wird. Den Durchblick haben nur noch die Standesbeamten, einschlägig befasste Gerichte und Behörden sowie Kommentatoren, also Fachleute.“[18]
- „Im Ergebnis präsentiert sich das geltende Kindesnamensrecht als ein Flickenteppich mit hoch komplizierten und wertungsinkonsistenten Regelungen“, handhabbar „nur noch, weil es von dem hoch qualifizierten, aber auch hoch spezialisierten Berufsstand der Standesbeamten verwaltet wird.“[19]

Auch die Kommentatoren der namensrechtlichen Vorschriften, die um ihre Aufgabe nicht zu beneiden sind, lassen kaum ein gutes Haar am geltenden Namensrecht. So liest man:

- „Hinzu kommen sachliche Komplizierungen, die durch namensrechtliche Reformen in Verbindung mit einer zunehmenden Dynamisierung und Internationalisierung der Familienverhältnisse bedingt sind, die [zum Teil] aber auch schlicht auf bürokratischem Perfektionismus bei unklaren und widersprüchlichen Zielvorgaben beruhen. Insgesamt steht die Kompliziertheit des Kindesnamensrechts in keinem vernünftigen Verhältnis zur Bedeutung der Thematik.“[20]

---

16 *Reinhard Hepting* Grundlinien des aktuellen Familiennamensrechts, FPR 2002, 115 (120).
17 *Heinrich Bornhofen* Das geänderte Recht zum Ehenamen und Lebenspartnerschaftsnamen, StAZ 2005, 226 (230).
18 *Berthold Gaaz* Das deutsche Ehenamensrecht – gestern, heute und morgen, StAZ 2006, 157 (164).
19 *Michael Coester* Das Kind muss einen Namen haben, Jura 2007, 348 (348 f.).
20 *Katharina Hilbig-Lugani* in: Staudinger, Kommentar zum Bürgerlichen Gesetzbuch, Bearbeitung 2015, vor § 1616 BGB Rn. 4.

- „Durch zahlreiche Reformen der letzten Jahre [...] hat die privatrechtliche Regelung inzwischen einen Grad an Komplexität erreicht, welcher außerhalb jedes Verhältnisses zur eigentlichen Bedeutung der Materie im Alltagsleben steht."[21] „Ob der deutsche Gesetzgeber den Mut zu [...] radikalen Änderungen aufbringen wird, erscheint jedoch sehr fraglich, eher wird es weitergehen mit dem Herumbasteln an der gegenwärtigen Regelung, die immer neue Wertungs- und Regelungswidersprüche hervorbringen wird."[22]
- „Dem geltenden Namensrecht ist das Austarieren der hinter den unterschiedlichen Namensfunktionen stehenden Interessen und Grundsätze nur um den Preis eines sehr detaillierten und überkomplizierten Regelwerks gelungen, das übrigens in einer Vielzahl von Fallkonstellationen gleichwohl keine stimmigen Lösungen präsentiert."[23] „Die Bestimmungen zum Ehenamen [...] versuchen in ihrer heutigen Fassung, eine Reihe von – [zum Teil] gegenläufigen – Zielen miteinander in Einklang zu bringen. Das hat zu einer insgesamt höchst komplizierten Regelung geführt, die zudem nicht nur widersprüchliche, sondern [zum Teil] auch sinnwidrige Ergebnisse hervorbringt."[24]

---

21 *Karl August Prinz von Sachsen Gessaphe* in: Münchener Kommentar zum Bürgerlichen Gesetzbuch, Band X (8. Aufl. 2020) vor § 1616 BGB Rn. 6.
22 *Karl August Prinz von Sachsen Gessaphe* in: Münchener Kommentar zum Bürgerlichen Gesetzbuch, Band IX (8. Aufl. 2019) § 1355 BGB Rn. 74.
23 *Beate Kienemund* in: beck-online.GROSSKOMMENTAR (Stand: 1.2.2020) § 1616 BGB Rn. 17.
24 *Kienemund* (vorige Fn.) § 1355 BGB Rn. 2.

II Ein symptomatisches Beispiel für den Reformbedarf: Rückbenennung nach Auflösung der Einbenennungsehe

Geradezu symptomatisch für den schlechten Zustand des deutschen Namensrechts steht – um nur ein Beispiel herauszugreifen[25] – eines der letzten namensrechtlichen Reformvorhaben, das jedoch mit Ablauf der vergangenen Legislaturperiode wegen Diskontinuität gescheitert ist. Die Bundesregierung hatte im Jahr 2016 eine Reform der Einbenennung vorgeschlagen, die in § 1618 BGB geregelt ist.[26]

Das Institut der Einbenennung soll die namensrechtliche Integration eines Stiefkinds in seine soziale Familie ermöglichen, wenn einer der Elternteile mit einem Dritten die Ehe schließt und die Ehegatten einen Ehenamen nach § 1355 BGB bestimmen. In dieser Situation können der Elternteil und der Stiefelternteil dem Kind ihren Ehenamen entweder anstelle seines bisherigen Familiennamens erteilen oder diesem voranstellen oder anfügen, und auf diese Weise ausnahmsweise (siehe näher noch unten IV. 2. b) einen echten Doppelnamen kreieren.[27] Eine solche Einbenennung setzt voraus, dass das Kind unverheiratet ist, dem erteilenden Elternteil mindestens auch die elterliche Sorge für das Kind zusteht, Elternteil und Stiefelternteil das Kind in ihren gemeinsamen Haushalt aufgenommen haben und – unter bestimmten Voraussetzungen – der andere Elternteil und das Kind in die Einbenennung einwilligen.

Die Bundesregierung wollte in einem neuen § 1618 Abs. 2 BGB die Einbenennung um eine Rückbenennung ergänzen. Das volljährige Kind sollte wieder zu seinem bisherigen Familiennamen zurückkehren können, sich mithin namensrechtlich von der Stieffamilie und vor allem dem namensgebenden Stiefelternteil distanzieren dürfen, wenn die zugrunde liegende Ehe beendet wurde, sei es durch Scheidung, Aufhebung oder Tod.

Auffällig war auf den ersten Blick die tatbestandliche Enge der geplanten Rückbenennungsoption. Warum sollte etwa eine Rückbenennung ausgeschlossen sein, wenn die Ehe vor Erreichen der Volljährigkeit des Kindes endet? Warum sollte überhaupt an die Beendigung der Ehe angeknüpft werden und nicht allein

---

25 Siehe für eine umfassende Analyse *Hepting* (Fn. 16) 119 f.; vgl. bereits zuvor *Reinhard Hepting* Regelungszwecke und Regelungswidersprüche im Namensrecht, StAZ 1996, 1.

26 Entwurf eines Gesetzes zur Reform des Scheinvaterregresses, zur Rückbenennung und zur Änderung des Internationalen Familienrechtsverfahrensgesetzes, BR-Drucks. 493/16.

27 Näher etwa *Hepting/Dutta* (Fn. 6) Rn. V-852 ff.

an den Willen des Stiefkinds, das über seine (namensrechtliche) Verbundenheit zur Stieffamilie am besten entscheiden kann? Als Antwort auf diese Fragen verwies die Begründung des Regierungsentwurfs auf eine weitere Stellschraube des deutschen Namensrechts, die ich bisher übergangen habe: die öffentlichrechtliche Namensänderung nach einem Gesetz, das noch aus dem Jahr 1938 stammt, dem Namensänderungsgesetz[28] (NamÄndG). Losgelöst vom Namensrecht des Bürgerlichen Gesetzbuchs ermöglicht das Namensänderungsgesetz auf Antrag des Namensträgers eine isolierte – also von personenstandsrelevanten Vorgängen wie Eheschließung oder Geburt unabhängige – Änderung des Namens durch die zuständige Verwaltungsbehörde, „wenn ein wichtiger Grund die Änderung rechtfertigt" (§ 3 Abs. 1 NamÄndG, gegebenenfalls in Verbindung mit § 11). Zum wichtigen Grund als zentraler Voraussetzung für eine öffentlichrechtliche Namensänderung existiert nicht nur eine umfangreiche Verwaltungsvorschrift.[29] Auch ist dieses Tatbestandsmerkmal häufig Gegenstand der verwaltungsgerichtlichen (und manchmal sogar familiengerichtlichen[30]) Rechtsprechung. Diese öffentlichrechtliche Namensänderung und nicht das neue Rückbenennungsrecht sollte nach Ansicht der Bundesregierung die eben genannten Konstellationen auffangen.[31] Die vorgeschlagene Neuregelung hätte damit in der Sache lediglich dafür gesorgt, dass bei Aufhebung der Ehe und Volljährigkeit des Namensträgers für die Rückkehr zum bisher geführten Namen kein wichtiger Grund vorliegen muss (und im Übrigen eine etwaige Verwaltungsgebühr für die öffentlichrechtliche Namensänderung entfällt).

---

28 Gesetz über die Änderung von Familiennamen und Vornamen vom 5.1.1938, RGBl. 1938 I S. 9, das freilich seit seinem Inkrafttreten immer wieder geändert wurde.
29 Allgemeine Verwaltungsvorschrift zum Gesetz über die Änderung von Familiennamen und Vornamen vom 11.8.1980.
30 Siehe etwa zu einem Namensänderungsantrag eines Vormunds zur „Einbenennung" zweier Pflegekinder BGH 8.1.2020, FamRZ 2020, 585.
31 Begründung des Entwurfs eines Gesetzes u. a. zur Rückbenennung (Fn. 26) S. 19 f.

III Traditionelle Funktionen des Namens

Angesichts des derzeitigen Zustands drängt sich die Frage nach den rechtspolitischen Leitsternen auf, an denen sich der Gesetzgeber bei der Regelung des Namensrechts bisher orientiert hat.

1 Individualisierung und Klassifizierung des Namensträgers

Die Funktionen des Namens in Familie und Gesellschaft, die der Gesetzgeber in seinem Namensrecht nutzen kann, sind vielfältig und potentiell widersprüchlich.[32] Der Name einer natürlichen Person erfüllt traditionell vor allem zwei Hauptzwecke:

Zum einen ermöglicht der Name eine sprachliche *Individualisierung* eines Menschen. Die Gesellschaft benennt ihre Mitglieder, um sie von anderen unterscheidbar zu machen, vor allem in der sprachlichen Kommunikation.

Zum anderen kann ein Name zur *Klassifizierung* der Gesellschaftsmitglieder dienen und sprachlich kodiert Auskunft über deren Eigenschaften geben, etwa im Hinblick auf das Geschlecht (weiblicher oder männlicher Vorname), die Zugehörigkeit zu einer Gruppe, vor allem zu einer Familie beispielsweise kraft Abstammung oder Eheschließung (Familienname), die gesellschaftliche Stellung dieser Gruppe (ehemalige Adelsprädikate, bürgerlicher Name) oder die Funktion des Namensträgers in dieser Gruppe, etwa als Familienoberhaupt („Fürst" als Bezeichnung des jeweiligen Chefs eines Adelshauses), aber auch die Abstammung von einer Person (Vatersname). Der Wortsinn des Namens hat seine Klassifizierungsfunktion dagegen weitgehend verloren. Eine Frau Müller wird heutzutage keine Mühle mehr betreiben und ein Herr Schmitz nicht im metallverarbeitenden Gewerbe tätig sein. Eine Gesellschaft kann selbstredend in der sprachlichen Kommunikation Mitglieder auch mittels anderer Kennzeichen klassifizieren, die nicht Namensbestandteile sind, wobei die Abgrenzung oftmals nicht einfach ist: Der Klassifizierung des Gesellschaftsmitglieds dienen neben echten Adelsprädikaten in ständischen Gesellschaften auch akademische Grade,

---

32 Ein Überblick über die im deutschen Schrifttum diskutierten Namensfunktionen findet sich etwa bei *Diethelm Klippel* Der zivilrechtliche Schutz des Namens (1985) S. 355 ff. und *Dietrich Nelle* Der Familienname – Perspektiven für eine rechtsvereinheitlichende Reform (Teil I), FamRZ 1990, 809 (809 f.); die von mir im Folgenden als *Individualisierung* und *Klassifizierung* sowie unten (V. 1.) als *Selbstdarstellung* bezeichneten Namensfunktionen ziehen lediglich die Grenzen und den Abstraktionsgrad der bisher diskutierten Funktionen anders.

Titel und Würden (etwa „Professor"[33], „Doktor" oder – vor allem in Österreich – „Magister") und Dienst- wie Berufsbezeichnungen (etwa „Richter am Oberlandesgericht", „Regierungsdirektor", „Rechtsanwalt" oder „Notar").

Freilich ist der Name nicht das einzig denkbare und vor allem nicht das effektivste Mittel zur Individualisierung und Klassifizierung einer Person. Nicht ohne Grund operieren staatliche und private Institutionen mittlerweile vornehmlich mit Personennummern, etwa in Deutschland mit der steuerlichen Identifikationsnummer nach § 139b der Abgabenordnung[34] oder der Rentenversicherungsnummer nach § 147 des Sechsten Buches des Sozialgesetzbuchs[35]. Nummerische Bezeichnungen können Institutionen einmalig und dauerhaft – ja sogar über den Tod der Person hinaus – vergeben (Individualisierung).[36] Auch können Nummern sehr viel einfacher, präziser und zielgerichteter als ein Name Auskunft über Eigenschaften der Person (Klassifizierung) geben, indem diese Eigenschaften entweder unmittelbar in der Nummer kodiert oder mittelbar in einem Register hinterlegt und mit der Personennummer verknüpft werden. Die Digitalisierung der öffentlichen Register verstärkt diese Überlegenheit von namensunabhängigen Individualisierungs- und Klassifizierungsmitteln wie Personennummern noch einmal.[37] Aus heutiger Sicht wenig überzeugend sind damit die Gründe für die ersten Kodifikationen des Namensrechts, die den Namen der Person seit der Französischen Revolution von der Sitte in das bürgerliche Recht überführt haben (vgl. noch unten VI.): Die gesetzliche Regelung des Namensrechts etwa im preußischen Allgemeinen Landrecht und im österreichischen Allgemeinen Bürgerlichen Gesetzbuch wird historisch vor allem mit dem Wunsch des Staates erklärt, junge Männer für Zwecke der allgemeinen Wehrpflicht zu erfassen.[38] Angesichts der Schwächen des Namens als Klassifizierungsmittel

---

33 Oftmals herrscht Unklarheit über die Natur des Professorentitels. Im Freistaat Bayern handelt es sich nach Art. 12 Abs. 1 S. 1 des Bayerischen Gesetzes über die Rechtsverhältnisse der Hochschullehrer und Hochschullehrerinnen sowie des weiteren wissenschaftlichen und künstlerischen Personals an den Hochschulen vom 23.5.2006, BayGVBl. 2006, 230, bei Professoren im Beamtenverhältnis auf Lebenszeit jedenfalls nach ihrem Eintritt in den Ruhestand beim Professorentitel nicht mehr um eine Dienstbezeichnung, sondern um eine akademische Würde; außerdem dürfen bayerische Professoren der Besoldungsgruppe W 3, allerdings nur an Universitäten und Kunsthochschulen, auch den Titel „Ordinarius" bzw. „Ordinaria" führen, vgl. Art. 12 Abs. 3 des Gesetzes, was ebenfalls eine akademische Würde sein dürfte.
34 In der Fassung der Bekanntmachung vom 1.10.2002, BGBl. 2002 I S. 3866.
35 In der Fassung der Bekanntmachung vom 19.2.2002, BGBl. 2002 I S. 754.
36 *Dieter Schwab* Personenname und Recht, StAZ 2015, 354 (362).
37 Eckpunkte zur Reform des Namensrechts (Fn. 2) S. 4 unter II. 3.
38 *Hans Ficker* Das Recht des bürgerlichen Namens (1950) S. 139, wonach die allgemeine Wehrpflicht einer der „Schrittmacher" war.

greift der Staat heute kaum noch auf die Klassifizierungsfunktion des Namens zurück: Regeln wie die des südkoreanischen Eherechts, die Personen mit dem gleichen Familiennamen als Ausprägung des Eheverbots der Verwandtschaft die Eheschließung verweigert,[39] musste der Gesetzgeber mittlerweile aufgeben.

Dennoch stand trotz dieser Schwächen der Individualisierungs- und Klassifizierungsfunktion auch im deutschen Namensrecht ursprünglich die Individualisierung und Klassifizierung des Namensträgers als Regelungsziel im Vordergrund:

Zwar verhindert das Namensrecht im Hinblick auf die *Individualisierung* nicht, dass ein und derselbe Name mehreren Personen zugewiesen wird, aber das deutsche Recht war stets – wenigstens im Ansatz – bestrebt, für eine Namenskontinuität zu sorgen, d. h. für eine grundsätzliche Unabänderlichkeit des Namens. Insbesondere schränkt das eben erwähnte Namensänderungsgesetz bis heute eine isolierte Namensänderung ein und fordert hierzu einen wichtigen Grund (oben II.). Welche illiberalen Wirkungen dieses Gesetz entfaltet, das bei Lichte betrachtet nicht die Namensänderung, sondern ihre Beschränkung zum Gegenstand hat, verdeutlicht ein Blick in die Vergangenheit: Vor der einheitlichen Regelung und Beschränkung der öffentlichrechtlichen Namensänderung durch das Namensänderungsgesetz war es herrschende Meinung, dass die Bürger ihren Vornamen beliebig ändern können, da das Bürgerliche Gesetzbuch hier – anders als bei Änderungen des Familiennamens – keine Grenzen setzt.[40]

Auch war das deutsche Namensrecht lange Zeit darauf gerichtet, mithilfe des Personennamens bestimmte *Klassifizierungsmerkmale* abzufragen, insbesondere mithilfe des Vornamens das Geschlecht des Namensträgers und mithilfe des Familiennamens seine Familienbeziehungen. Es war noch bis vor Kurzem unbestritten, dass die Eltern dem Kind als Ausfluss ihrer Personensorge nicht nur keine ungebräuchlichen Vornamen geben durften (oben I.). Ferner musste der gewählte Vorname das Kind eindeutig als einem der – damals noch binären (vgl. heute § 22

---

39 So der alte § 809 Abs. 1 des koreanischen Min beob.

40 *Otto Opet* Das Namenrecht des Bürgerlichen Gesetzbuchs, AcP 87 (1897) 313 (350): „Die Zulässigkeit der beliebigen Annahme von Vornamen ist nicht unbestritten. Auch hier wollen manche Autoren aus dem Umstand, daß das Personenstandsgesetz keine Bestimmungen über nachträgliche Vornamenseintragung enthalte, darauf schließen, daß als Vornamen nur die bei der Geburtsanzeige oder im Berichtigungsverfahren in das Standesregister eingetragenen Vornamen gebraucht werden dürften; aber wie vorher muss auch hier betont werden, daß das Reichsgesetz nur die Registerführung regelt, das materielle Namenrecht aber in keiner Weise betrifft. Eine Entscheidung kann also nur aus den Landesgesetzen gewonnen werden, so daß die Annahme von Vornamen überall, wo dem kein landesgesetzliches Verbot entgegensteht, dem freien Belieben eines jeden überlassen ist".

Abs. 3 und § 45b PStG) – Geschlechter zugehörig kennzeichnen.[41] Vor allem aber prägte ein dynastisches Denken die Bildung des Familiennamens, das auf vorrepublikanische Ziele des Namensrechts hinweist, nämlich die „Sicherung der ständisch-familiären Ordnung".[42] Die Urfassung des Bürgerlichen Gesetzbuchs leitete den Namen jedenfalls im damaligen Idealzustand der ehelichen Familie von einem Stammvater ab und gab diesen innerhalb einer Dynastie in männlicher Linie an alle in direkter Linie von diesem Stammvater abstammenden Familienmitglieder weiter. Nicht nur die Frau erhielt mit der Eheschließung den Familiennamen des Mannes (§ 1355 BGB a.F. [1900]), sondern auch die in der Ehe geborenen Kinder erhielten den Namen des Vaters (§ 1616 BGB a.F. [1900]). Allein uneheliche Kinder trugen den Namen ihrer Mutter (§ 1706 Abs. 1 BGB a.F. [1900]).

Individualisierung und Klassifizierung sind widerstreitende Fernziele, die kein Regelgeber in seinem Namensrecht vollständig umzusetzen vermag. So kann die Klassifizierungsfunktion das Individualisierungspotential des Namens einschränken, speziell im Hinblick auf die Namenskontinuität. Immer wenn sich die klassifizierungsrelevanten Eigenschaften ändern, muss sich konsequenterweise auch der Name ändern. Das betrifft vor allem den Familiennamen, soweit dieser über die Familienzugehörigkeit Auskunft geben soll und sich die jeweils maßgebliche Affiliation ändert, z.B. durch Eheschließung oder Beendigung der Ehe, Korrektur der rechtlichen Abstammung, Adoption oder – Stichwort Einbenennung (oben II.) – Aufnahme in eine neue soziale Familie. Da sich – auch aus Gleichbehandlungsgründen (vgl. noch unten IV. 2. a) – die Klassifizierungsfunktion auf das Verhältnis zu einem konkreten Elternteil oder Ehegatten beschränken muss, wird die Namenskontinuität als notwendiges Element einer namensrechtlichen Individualisierung durchbrochen. Besonders der Ehename, seine Wandelbarkeit und seine Fernwirkungen auf den Namen der Kinder stehen bereits seit Langem als Gefahr für die Namenskontinuität und auch das Wohl des Kindes (näher noch unten V. 2. a) in der Kritik.[43] Aber auch der Vorname kann von der Dynamik persönlicher Merkmale betroffen sein und eine Namenskontinuität und damit Individualisierung des Namensträgers abschwächen. So gestattet das

---

41 Die ältere Rechtsprechung zur Geschlechtsbezogenheit des Vornamens wird etwa von *Reinhard Hepting* in: Reinhard Hepting/Berthold Gaaz, Personenstandsrecht mit Eherecht und Internationalem Privatrecht, Band II (Stand 42. Lieferung 2009) Rn. IV-736 ff., dargestellt, einschließlich der ausführlichen Judikatur zur im Einzelfall sehr schwierigen Frage, welche Namen männlich, weiblich und geschlechtsneutral sind.
42 *Schwab* (Fn. 36) 355.
43 Etwa *Michael Coester* Fortschritt oder fortgeschrittene Auflösung im Recht des Personennamens, StAZ 1984, 298 (299 ff.); *Ingeborg Schwenzer* Namensrecht im Überblick – Entwicklung – Rechtsvergleich – Analyse, FamRZ 1991, 390 (394 f.).

deutsche Recht transgeschlechtlichen Personen und – seit Neuestem – auch Personen mit Varianten der Geschlechtsentwicklung eine Änderung des Vornamens, um ihre (neue) Geschlechtsidentität auch namensrechtlich zu dokumentieren (§§ 1, 8 Abs. 2 des Transsexuellengesetzes[44] und § 45b Abs. 1 S. 3 PStG). Dennoch dürfte selbst in einem streng auf die Klassifizierung der Namensträger ausgerichteten System die Dynamik des Namens und damit der Widerspruch zwischen Klassifizierung und Individualisierung im Laufe der Geschichte eher abgenommen haben, vor allem wegen des eben geschilderten Verlusts des Namenswortsinns als Klassifizierungsmerkmal. Heute liest man mit Erstaunen im hebräischen Tanach im Buch Rut über die Namensänderung der Noomi, der Urgroßmutter des späteren König David. Noomi verkündet, nachdem sie nach vielen Schicksalsschlägen nach Bethlehem zurückkehrt: „Nennt mich nicht mehr Noomi (Liebliche), sondern Mara (Bittere); denn viel Bitteres hat der Allmächtige mir getan".[45] Heute würde eine Noomi (bzw. eher Noemi), auch wenn sie voller Bitterkeit über ihr Schicksal ist, kaum gerade deshalb mit ihrem Vornamen hadern. Ohnehin würde ihr Namensänderungswunsch wegen eines Wandels des subjektiv empfundenen Klassifizierungsmerkmals an den unbarmherzigen Grenzen der öffentlichrechtlichen Namensänderung (oben II.) scheitern, jedenfalls in der Bundesrepublik.

2 Private oder öffentliche Interessen jenseits der Individualisierung und Klassifizierung?

Neben der Individualisierungs- und Klassifizierungsfunktion spielen weitere private Interessen oder Ordnungsinteressen des Staates traditionell nur eine untergeordnete Rolle bei der Ausgestaltung des Namensrechts.

Der Wahrung von *Privatinteressen* ist etwa die Kindeswohlprüfung bei der Vornamensgebung (oben I.) oder die Möglichkeit der öffentlichrechtlichen Namensänderung aus wichtigem Grund (oben II.) geschuldet. Der rechtlich zugewiesene Name darf nicht das Persönlichkeitsrecht des Namensträgers verletzen.

Bei der Ausgestaltung des Namensrechts haben bisher aber auch vereinzelt *Ordnungsinteressen* des Staates Einfluss genommen. So begrenzt das deutsche Namensrecht beispielsweise mehrgliedrige Namen. Zwar besteht keine Silbenhöchstanzahl für die verschiedenen Namensbestandteile; eine solche Grenze

---

44 Gesetz über die Änderung der Vornamen und die Feststellung der Geschlechtszugehörigkeit in besonderen Fällen vom 10.9.1980, BGBl. 1980 I S. 1654.
45 Rut 1:20 (Einheitsübersetzung).

müsste unmittelbar in existierende Namen eingreifen. Aber bei der Namensbestimmung achtet das Recht darauf, dass die Namensbestandteile nicht überhandnehmen. So ist es bei der Vornamensbestimmung (oben I.) anerkannt, dass die Eltern dem Kind nicht eine unbegrenzte Anzahl von Vornamen geben können. Dieses Verbot lässt sich mit Kindeswohlgesichtspunkten nur schwer rechtfertigen (kein Kind muss alle Vornamen im Alltag führen), sondern vor allem mit dem Ordnungsinteresse des Staates an einer ordnungsgemäßen Register- und Urkundenführung.[46] Aber auch beim Familiennamen nimmt der Gesetzgeber die Länge des Namens in den Blick, speziell durch das Verbot eines Begleitnamens (dazu sogleich näher IV. 2. a) bei mehrgliedrigen Namen (§ 1355 Abs. 4 S. 2 BGB), um mehr als zweigliedrige Namen (z. B. „Müller-Meier-Schmitz") zu verhindern. Zwar scheint das Bundesverfassungsgericht, das gegen dieses Verbot verfassungsrechtlich nichts einzuwenden hatte, den Zweck dieses Verbots eher in einer Wahrung der Individualisierungsfunktion (oben III. 1.) zu sehen: Unbegrenzte Namensketten nähmen dem Namen seine identifikationsstiftende Kraft.[47] Allerdings überzeugt diese Argumentation wenig: Je mehr Bestandteile der Familienname einer Person enthält, desto einmaliger ist der Name und desto besser dient er der Individualisierung seines Trägers. Das Gleiche gilt im Übrigen auch für die Klassifizierungsfunktion: Mehrgliedrige Familiennamen geben sehr viel umfangreicher über die Familienzugehörigkeiten des Namensträgers Auskunft als eingliedrige Namen. Plausibler ist daher die Erwägung des Gesetzgebers, dass mehrgliedrige Namensketten den Rechts- und Geschäftsverkehr unnötig belasten,[48] womit klassische Ordnungsinteressen angesprochen werden.

---

46 Näher zu Inhalt und Begründung des Verbots *Hepting/Dutta* (Fn. 6) Rn. IV-439 ff.
47 BVerfG 5.5.2009, BVerfGE 123, 90 = StAZ 2009, 179 = FamRZ 2009, 939 (941, 942) m. kritischer Anm. *Henrich*; so bereits BVerfG 30.1.2002, BVerfGE 104, 373 = StAZ 2002, 72 = FamRZ 2002, 306 (309).
48 Siehe z.B. die Stellungnahme des Bundesrats zum Ersten Gesetz zur Reform des Ehe- und Familienrechts (1. EheRG), BT-Drucks. 7/650, S. 257; Begründung des Entwurfs eines Gesetzes zur Neuordnung des Familiennamensrechts, BT-Drucks. 12/3163, S. 15 f.

IV Gesetzgeberische Relativierung der namensrechtlichen Individualisierungs- und Klassifizierungsfunktion aus übergeordneten Gründen

Der deutsche Gesetzgeber hat im Zuge der großen familienrechtlichen Reformen in der zweiten Hälfte des 20. Jahrhunderts zunehmend die Individualisierungs- und Klassifizierungsfunktion des Namens relativiert, und zwar vornehmlich nicht aus namensrechtsspezifischen, sondern aus übergeordneten Gründen.

1 Vorab: Name als taugliches und legitimes Individualisierungs- und Klassifizierungsmittel nicht in Frage gestellt

Diese Entwicklung war weniger den bereits erwähnten (oben III. 1.) *Schwächen* des Namens als Mittel zur Individualisierung und Klassifizierung und den *Spannungen* zwischen Individualisierungs- und Klassifizierungsfunktion geschuldet.

Auch *Zweifel an der Legitimität* einer Klassifizierungsfunktion des Namens haben den Reformgesetzgeber offenbar nicht geleitet – überraschenderweise. Denn es ist nicht ersichtlich, welches Interesse ein Gesetzgeber daran haben kann, dass der – meist auch gesellschaftlich verwendete (vgl. aber unten VI.) und damit potentiell für jedermann sichtbare – rechtliche Name bestimmte Charakteristika der Person offenlegt.[49] Im Gegenteil: Die von den Nationalsozialisten im Jahr 1938 mit der Zweiten Verordnung zur Durchführung des Gesetzes über die Änderung von Familiennamen und Vornamen[50] eingeführten jüdischen Zwangsvornamen „Israel" und „Sara" für jüdische Bürger (§ 2 Abs. 1 der Verordnung) belegen, zu welchen Perversionen die Klassifizierungsfunktion des Namens genutzt werden kann.[51] Den rechtlichen Namen setzten die Nationalsozialisten übrigens auch in

---

49 Anders aber offenbar *Albrecht Dieckmann* Zur Namensführung des Kindes, StAZ 1982, 266 (278), der die „Ordnungskraft" des Namens „im öffentlichen Bereich" hervorhebt und zu bedenken gibt, dass Kennziffern „nur für ‚Eingeweihte' – nicht für die Allgemeinheit" verständlich seien.

50 Vom 17.8.1938, RGBl. 1938 I S. 1044.

51 Zum Zusammenhang zwischen behördlicher Namensänderung in Deutschland und Judenemanzipation einerseits bzw. Antisemitismus andererseits siehe die Studie von *Michael Wagner-Kern* Staat und Namensänderung (2002).

anderem Zusammenhang als Klassifizierungsmittel ein: Die Lex Krupp des Jahres 1943 gestattete der Familie Krupp nicht nur, ein Sondererbrecht für die Nachfolge in das Kruppsche Familienvermögen zu schaffen,[52] sondern sah auch vor, dass der jeweilige Erbe den Namen „Krupp" vor seinem Familiennamen führt[53] und damit nach außen sichtbar als Krupperbe gekennzeichnet war. Das Interesse an der Bewahrung einer bestimmten Namenskultur in einer Gesellschaft, die den Namen traditionell als Klassifizierungsmittel nutzt, ist kein sinnvolles gesetzgeberisches Anliegen, zumindestens in einem freiheitlichen Staat, der seinen Bürgern kein kulturell bedingtes Verhalten aufoktroyieren möchte. Dennoch wurde die Klassifizierungsfunktion des Namens vor allem in Deutschland lange vehement verteidigt, speziell diejenige des Familiennamens im Hinblick auf eine Familienzugehörigkeit.[54]

---

52 Erlass des Führers über das Familienunternehmen der Firma Fried. Krupp vom 12.11.1943, RGBl. 1943 I S. 655, Ziff. I.
53 Ziff. III des Erlasses.
54 Nachdrücklich etwa noch *Nelle* (Fn. 32) 811 f.: „Die Frage, ob vor diesem Hintergrund die Aufrechterhaltung einer familialen Zuordnungsfunktion überhaupt noch gerechtfertigt ist, hat daher längst schon keinen provokativen Charakter mehr. Bei der Entscheidung dieser Frage ist zunächst zu berücksichtigen, daß im täglichen Leben ein unabweisbares Bedürfnis danach besteht, eine Familie unter einem Sammelnamen anzureden [...]. Auch ist ein gemeinschaftlicher Familienname als Kristallisationspunkt für die Entwicklung und Pflege eines Zusammengehörigkeitsgefühls der sozialen Einheit Familie keineswegs unwesentlich [...]. Würde man der Familie die Identifikationsmöglichkeit des gemeinschaftlichen Namens versagen, stünde sie sogar schlechter als bloße Zweckgemeinschaften wie der Verein oder die Gesellschaft [...]. Auch aus der Sicht der Allgemeinheit gibt es gute Gründe für eine Verlautbarung von Familienzugehörigkeiten, man denke etwa an die Mithaftung für Geschäfte des Ehepartners oder die Aufsichtspflicht für die Kinder [...]. Ebenso erscheint es wünschenswert, daß eine Verwaltung, die familienfreundlich handeln soll, die Familienzugehörigkeit schon am Namen erkennen kann". Allerdings möchte *Nelle* aaO, die Klassifizierungsfunktion des Namens auf die Familienzugehörigkeit beschränken: „Über die Familienzugehörigkeit hinaus lässt der Name noch ein weitgespanntes Geflecht sozialer Verbindungen anklingen, wie etwa die bereits erwähnte Zugehörigkeit zu einem Adelsgeschlecht, oder aber auch eine bestimmte geographische oder ethnische Herkunft [...]" Allerdings handele „es sich bei den aufgezählten Aspekten um keine Gesichtspunkte, an deren Verlautbarung ein schützenswertes Interesse Dritter ersichtlich wäre oder welche ein zulässiges Kriterium für die Entscheidung von Verwaltungsvorgängen bilden könnten, vielmehr würde umgekehrt geradezu ein Ansatzpunkt für unzulässige Diskriminierungen geschaffen. [...] Eine über die Familienzugehörigkeit hinausgehende Zuordnungsfunktion des Namens ist somit abzulehnen". Noch einem gänzlich anderen Familien- und Gesellschaftsmodell (und offenbar auch Verfassungsmodell) verhaftet und unter Rückgriff auf die „überkommene[...] Volksordnung" und die „Anschauungen unseres Volkes" *Graf von Bernstorff* Der Familienname in der deutschen Rechtsordnung, NJW 1957, 1901: „Eine Verwirklichung des Vorschlags der freien Namenswahl durch die Ehegatten hätte dem Familiennamen seine entscheidende Funktion genommen, im Sinne der Gliederung des Volkes in Sippen und Familien alle die zu kennzeichnen, die im Mannesstamm aus der gleichen

Das heute anzutreffende Normendickicht ist also weniger der Auseinandersetzung mit den klassischen Namensfunktionen geschuldet. Vielmehr war ein bedingungsloses Festhalten an der Individualisierungs- und Klassifizierungsfunktion aus *übergeordneten Gründen* nicht mehr möglich, die teils auch verfassungsrechtlichen oder unionsrechtlichen Ursprungs sind.[55] Im Folgenden möchte ich vier Gründe für die Relativierung der traditionellen Namensfunktionen anreißen.

2 Gleichheit vor dem Gesetz

Es zeigte sich bereits rasch nach Inkrafttreten des Grundgesetzes, dass eine namensrechtliche Klassifizierung nach der Familienzugehörigkeit des Namensträgers vor dem Hintergrund des Gleichheitssatzes nicht unproblematisch ist.

a) Klassifizierungsfunktion im Hinblick auf die Zugehörigkeit des Namensträgers zu einer bestimmten Familiendynastie per se gleichheitswidrig

Das dynastische Denken im ursprünglichen Namensrecht (oben III. 1.) war kaum mit der Gleichberechtigung von Mann und Frau (Art. 3 Abs. 2, 3 GG) vereinbar. Widerstand regte sich bereits früh. Sieben Jahre nach dem Anwendungsbeginn des Bürgerlichen Gesetzbuchs sprach Marianne Weber – die unter der Knute des § 1355 BGB a.F. (1900) den Namen ihres Mannes Max Weber als Ehenamen tragen musste – in ihrer Studie zur „Ehefrau und Mutter in der Rechtsentwicklung" dem damaligen *Ehenamensrecht* jeglichen „normativen Charakter" ab: Die Vorschrift sei ein „Rest primitiven, auf Grund des Frauenkaufs erworbenen ‚Vaterrechts', unter dem die gesetzlich noch nicht als Persönlichkeit gewertete Frau gar keine

---

Familie stammen. Mit solcher Funktion enthält der Familienname eine über die rechtlichen Beziehungen zweier Familienmitglieder weit hinausgreifende Bedeutung, indem er in die Vergangenheit hinein seinen Träger mit seinen Vätern und Vorvätern und mit deren geistiger Welt und Leistung verbindet [...] und schließlich auch seinen Träger zum Vermittler des geistigen und sittlichen Erbguts der Familie gegenüber Kindern und Kindeskindern macht".

55 Hierauf weist bereits *Thomas Wagenitz* Grundlinien des neuen Familiennamensrechts, FamRZ 1994, 409 (416) hin, der beklagt, dass das Ringen „um das richtige Ehe- oder Familienbild, um recht verstandene Gleichberechtigung, um Menschenwürde" die Arbeit des Gesetzgebers im Namensrecht besonders schwer mache.

rechtliche Sonderexistenz besaß, sondern ihren Namen und Stand so gut wie ihr Recht vom Manne empfing."[56]

Allerdings ermöglichte erst das Gleichberechtigungsgesetz des Jahres 1957[57] der Ehefrau, dem Geburtsnamen des Mannes, der weiterhin Ehename wurde, ihren eigenen Geburtsnamen – das Gesetz sprach noch vom „Mädchennamen" – anzufügen (§ 1355 S. 2 Halbsatz 1 BGB a.F. [1957]). Erst das für das Familienrecht epochale Erste Eherechtsreformgesetz,[58] dessen Inkrafttreten sich vor zwei Jahren zum vierzigsten Mal jährte,[59] gestattete den Ehegatten, zwischen dem Geburtsnamen des Mannes und demjenigen der Frau zu wählen (§ 1355 Abs. 2 S. 1 BGB a.F. [1976]). Allerdings kam der Mannesname zum Zuge, wenn sich die Ehegatten nicht einigen konnten (§ 1355 Abs. 2 S. 2 BGB a.F. [1976]) – eine Regelung, die das Bundesverfassungsgericht vor dem Hintergrund des Gleichheitssatzes nicht eher als im Jahr 1991 für verfassungswidrig erklärte.[60] Seit der vom Bundesverfassungsgericht eingeführten Möglichkeit einer getrennten Namensführung – die mit dem Gesetz zur Neuordnung des Familiennamensrechts[61] auch in den Wortlaut des Bürgerlichen Gesetzbuchs überführt wurde, vgl. § 1355 Abs. 1 S. 3 BGB – ist die Ehefrau namensrechtlich nicht mehr zwangsweise Teil der Dynastie ihres Ehemanns. Dass der Gleichheitssatz eine namensrechtliche Gleichstellung der Ehegatten erfordert, hat im Übrigen auch der Europäische Gerichtshof für Menschenrechte bereits früh betont.[62] Heute wäre ein im Mannesstamm dynastisches Ehenamensrecht bereits wegen der Öffnung der Ehe für gleichgeschlechtliche Paare[63] ausgeschlossen.

Auch im *Kindesnamensrecht* war die dynastische Weitergabe des Namens im Mannesstamm vor dem Hintergrund des Gleichheitssatzes nicht mehr tragbar. Bereits nach dem Ersten Eherechtsreformgesetz konnte auch das eheliche Kind den Namen der Mutter als Geburtsnamen erhalten, wenn dieser auch Ehename war (vgl. § 1616 BGB a.F. [1976]). Seit 1998 und der großen Kindschaftsrechtsre-

---

56 *Marianne Weber* Ehefrau und Mutter in der Rechtsentwicklung – Eine Einführung (1907) S. 420.

57 Gesetz über die Gleichberechtigung von Mann und Frau auf dem Gebiet des bürgerlichen Rechts vom 18.6.1957, BGBl. 1957 I S. 609.

58 Erstes Gesetz zur Reform des Ehe- und Familienrechts vom 14.6.1976, BGBl. 1976 I S. 1421.

59 Siehe die Würdigung von *Dieter Schwab* 2017 – ein Jubiläumsjahr für das Familienrecht, FamRZ 2017, 1.

60 BVerfG 5.3.1991, BVerfGE 84, 9 = FamRZ 1991, 535.

61 Gesetz zur Neuordnung des Familiennamensrechts vom 16.12.1993, BGBl. 1993 I S. 2054.

62 EGMR 22.2.1994, Nr. 16213/90 (Case of Burghartz v. Switzerland); hierzu näher *Walter Pintens* Name und Menschenrechtskonvention, in: FS für Dieter Henrich (2000) S. 451 (454 f.).

63 Durch das Gesetz zur Einführung des Rechts auf Eheschließung für Personen gleichen Geschlechts vom 20.7.2017, BGBl. 2017 I S. 2787.

form[64] koppelt das Gesetz den Geburtsnamen des Kindes an die Zuweisung der elterlichen Sorge. Der Name des Vaters und der Mutter stehen dabei grundsätzlich gleichberechtigt nebeneinander, wenn die Eltern keinen Ehenamen führen und ihnen die elterliche Sorge gemeinsam zusteht (vgl. §§ 1617, 1617b Abs. 1 BGB). Auch das Kind wurde damit namensrechtlich aus der Dynastie seines Vaters herausgelöst.

Infolge des verfassungsrechtlich verbürgten Gleichheitssatzes kann das Namensrecht damit keine Klassifizierungsfunktion im Hinblick auf die Zugehörigkeit des Namensträgers zu einer bestimmten Familiendynastie erfüllen; eine solche Zugehörigkeit wäre im Übrigen auch jenseits des Namensrechts juristisch irrelevant. Aber auch im Hinblick auf die Zugehörigkeit zu einer konkreten Kleinfamilie kann der Familienname keine verlässliche Auskunft mehr geben, da die verschiedenen Mitglieder der Kleinfamilie unterschiedliche Namen tragen können. Allenfalls noch bilateral zwischen einzelnen Familienmitgliedern kann der Familienname eine Verbindung dokumentieren. Aber auch das ist nicht zwingend der Fall. Wie bereits gesehen, müssen Ehegatten keinen Ehenamen führen. Auch Kinder können einen anderen Geburtsnamen tragen als ihre Eltern, etwa wenn der namensgebende Elternteil nach der Geburt einen vom anderen Ehegatten abgeleiteten Ehenamen erwirbt, ohne dass der Ehename auf den Geburtsnamen des Kindes nach § 1617c Abs. 1 BGB erstreckt oder das Kind nach § 1618 BGB einbenannt wird.

b) Der Doppelname als Gebot der Gleichberechtigung von Mann und Frau

Der Gleichheitssatz könnte aber noch weiter reichende Auswirkungen besitzen, gerade im Hinblick auf die Bildung des Namens in der Ehe und bei den gemeinsamen Kindern. Wie bereits gesehen, haben die Ehegatten nach § 1355 Abs. 1 BGB die Wahl zwischen einer getrennten und gemeinsamen Namensführung. Entscheiden sich die Ehegatten für einen Ehenamen, dann kann der bei dieser Wahl „unterlegene" Ehegatte – aber nur dieser – seinen Namen als Begleitnamen dem Ehenamen voranstellen oder anfügen (§ 1355 Abs. 4 S. 1 BGB). Umgangssprachlich spricht man vom Doppelnamen, was freilich juristisch unsauber ist, da es sich um eine Kombination von zwei rechtlich zu unterscheidenden Namenselementen handelt, dem Ehenamen und dem Begleitnamen. Nicht möglich ist ein *echter* Doppelname als gemeinsamer Ehename für beide Ehegatten, den diese auch an ihre Kinder weitergeben können. Auch einen Doppelnamen des Kindes

---

64 Gesetz zur Reform des Kindschaftsrechts vom 16.12.1997, BGBl. 1997 I S. 2942.

bei getrennter Namensführung der Eltern – miteinander verheiratet oder nicht – verbietet das Gesetz. Echte Doppelnamen, die auch weitergegeben werden können, kennt das deutsche Namensrecht nur selten, etwa, wie bereits gesehen (oben II.), bei der Einbenennung (§ 1618 S. 2 BGB), aber auch bei der Adoption (§ 1757 Abs. 3 S. 1 Nr. 2 BGB). Dennoch begegnet man bei einem Ritt durchs namensrechtliche Absurdistan in Deutschland auch den folgenden Konstellationen, in denen Doppelnamen erstaunlicherweise möglich sind: Ein echter Doppelname kann entstehen, wenn ein Ehegatte nach Beendigung der ersten Ehe weiterhin den ehemaligen Ehenamen mit Begleitnamen führt (nach § 1355 Abs. 5 S. 1 oder S. 2 Fall 3 BGB) und die Ehegatten diesen „geführten Namen" bei einer erneuten Eheschließung zum Ehenamen bestimmen (§ 1355 Abs. 2 Fall 2 BGB).[65] Diesen Doppelnamen geben die Ehegatten dann auch zwingend an ihre gemeinsamen Kinder als Geburtsnamen weiter.[66] Ebenso kreiert das deutsche Namensrecht einen echten Doppelnamen als Geburtsnamen eines Kindes, wenn die Eltern keinen Ehenamen führen, aber der namensgebende Elternteil einen Ehenamen mit Begleitnamen führt und (bei gemeinsamer Sorge der Eltern) die Eltern dem Kind diesen geführten Namen gemäß § 1617 Abs. 1 S. 1 BGB erteilen oder (bei Alleinsorge des namensgebenden Elternteils) das Kind diesen Namen von Gesetzes wegen gemäß § 1617a Abs. 1 BGB erhält. Ein – namensrechtsspezifischer – sachlicher Grund, warum gerade in diesen Ausnahmefällen die Erwägungen gegen Doppelnamen zurücktreten sollen, nicht aber bei aus den Eltern- oder Ehegattennamen zusammengesetzten Doppelnamen, ist nicht ersichtlich.[67]

Nun kann man sich über Doppelnamen herrlich amüsieren, vor allem weil sich recht einfach lächerliche Namenskombinationen bilden lassen.[68] Eine sehr lesenswerte (zeit)historische Skizze von Martin Otto – Titel: „Wer hat Angst vor Müller-Lüdenscheidt?" – hat kürzlich gezeigt, dass es bisher vor allem diese Ridikülisierungsneigung einer jeden Doppelnamensdiskussion (gepaart mit einer Skepsis gegen „Bindestrich-Ehefrauen") war, die den Gesetzgeber von der Ein-

65 Näher *Hepting/Dutta* (Fn. 6) Rn. III-583.
66 Näher *Hepting/Dutta* (Fn. 6) Rn. III-583.
67 Anders BVerfG 30.1.2002, BVerfGE 104, 373 = StAZ 2002, 72 = FamRZ 2002, 306 (311); unverständlich ist meines Erachtens insbesondere, warum das Bundesverfassungsgericht meint, dass bei der Einbenennung die Verbindung zum namensgebenden Elternteil und zum Stiefelternteil sich von der Verbindung zu beiden Elternteilen unterscheidet und so stark ist, dass sie einen Doppelnamen rechtfertigt, vgl. auch *Hilbig-Lugani* (Fn. 20) § 1617 BGB Rn. 25; skeptischer offenbar auch BVerfG 5.5.2009, BVerfGE 123, 90 = StAZ 2009, 179 = FamRZ 2009, 939 (942).
68 Geradezu legendär ist der Text von *Dieter Schwab* Statt einer Glosse: Der Name ist Schall und Rauch, FamRZ 1992, 1015; zur Wirkgeschichte der *Schwabschen* Glosse gerade auch auf das konkret aufgespießte Gesetzgebungsverfahren siehe *Thomas Wagenitz* Über Schall, Rauch und andere Unwägbarkeiten, in: FS für Dieter Schwab (2005) S. 443.

führung des Doppelnamens abgehalten hat.[69] Diese deutsche Doppelnamens-
aversion überrascht. In anderen Rechtsordnungen stellt der Doppelname das
Grundmodell dar, wenn man nur in die spanischsprachige Welt blickt,[70] oder ist
ohne Weiteres zulässig, wie etwa seit einigen Jahren in Österreich.[71] Eine über-
wältigende Mehrheit der Mitgliedstaaten der Europäischen Union erlaubt einen
Doppelnamen als Geburtsnamen eines Kindes.[72] Dabei ist, und das berichtet auch
die Personenstandspraxis, der Wunsch nach einem Doppelnamen in Deutschland
groß, vor allem für die gemeinsamen Kinder, zu denen oftmals beide Elternteile
ein namensrechtliches Band besitzen wollen – ein Gedanke, der auch zu einem
partnerschaftlichen Elternbild passt.[73]

Es spricht sogar Einiges dafür, dass das Verbot des Doppelnamens in der
Paar- und Elternbeziehung zur Perpetuierung letzter patriarchalischer Strukturen
beiträgt: Untersuchungen legen den Schluss nahe, dass Ehefrauen und Mütter –
sei es bei der Bestimmung des Ehenamens (und damit auch beim Geburtsnamen
der gemeinsamen Kinder) oder isoliert bei der Bestimmung des Geburtsnamens
der Kinder – namensrechtlich zurückstecken und sich auch heute noch regelmäßig der Mannes- oder Vatername durchsetzt. So diagnostiziert etwa Saskia
Lettmaier in einem kürzlich erschienenen Aufsatz in Deutschland „patronymi-
sche Namenskonventionen"[74]. Sie kommt nach einer nicht repräsentativen Um-

---

69 *Martin Otto* Wer hat Angst vor Müller-Lüdenscheidt? – Vom (bisherigen) Scheitern einer Le-
galisierung „echter Doppelnamen" in Deutschland, StAZ 2019, 257.
70 Siehe für Spanien bei einem Kind mit feststehender Mutter- und Vaterschaft die Regelung in
Art. 49 des Ley del registro civil.
71 § 93 Abs. 2 des Allgemeinen Bürgerlichen Gesetzbuchs.
72 Siehe – neben den Nachweisen in den beiden vorigen Fn. – etwa Art. 335 § 1 Abs. 1 des belgischen Code civil; § 8 des dänischen Navneloven; § 5 des finnischen Etu- ja sukunimilaki;
Art. 311–21 Abs. 1 des französischen Code civil; Art. 1505 Abs. 2 des griechischen Astikos kōdikas;
first schedule zum irischen Civil Registration Act 2004; Art. 3 Abs. 1 S. 2 des kroatischen Zakon o
osobnom imenu; Art. 57 Abs. 3 S. 2 des luxemburgischen Code civil; Art. 4 Abs. 13 lit. b, Abs. 14 des
maltesischen Civil code; Art. 88 § 1 S. 3 des polnischen Kodeks rodzinny i opiekuńczy; Art. 1875
des portugiesischen Código civil; Art. 449 Abs. 2 S. 1 des rumänischen Codul civil; § 4 Abs. 1 Nr. 3
des schwedischen Lag om personnamn; Art. 7 Abs. 3 des slowenischen Zakon o osebnem imenu;
§ 4:150 Abs. 1 S. 3 und 4 des ungarischen Polgári Törvénykönyv.
73 *von Sachsen Gessaphe* (Fn. 21) § 1617 BGB Rn. 43; vgl. etwa bereits *Dieter Giesen* Der Familienname aus rechtshistorischer, rechtsvergleichender und rechtspolitischer Sicht, FuR 1993, 65
(78 f.). Auch BVerfG 30. 1. 2002, BVerfGE 104, 373 = StAZ 2002, 72 = FamRZ 2002, 306 (309) betont:
„Der aus den Namen der Eltern zusammengesetzte Doppelname vermag sogar noch besser als ein
aus den beiden Namen gewählter Geburtsname die familiäre Zugehörigkeit des Kindes auszudrücken, dokumentiert er doch die Verbundenheit des Kindes mit beiden Elternteilen im Namen".
74 *Saskia Lettmaier* Notwendigkeit einer Reform des (Familien-)Namensrechts? FamRZ 2020, 1
(7).

frage bei dreizehn deutschen Standesämtern zu dem Ergebnis, dass sich etwa 80 Prozent der Ehepaare für einen Ehenamen entscheiden, wobei 92 Prozent der verschiedengeschlechtlichen Paare den Mannesnamen als Ehenamen wählen. Auch das Bundesverfassungsgericht qualifizierte bereits im Jahr 2002 den Umstand, „daß Ehegatten sich immer noch bei der Wahl des Geburtsnamens ihres Kindes überwiegend für den Namen des Mannes entscheiden, möglicherweise [als] Ausdruck eines tradierten Rollenverständnisses", das „darauf hindeute [...], daß insoweit bei der von Art. 6 I GG geschützten freien und selbstverantwortlichen Entscheidung der Ehegatten über die Ausgestaltung ihres Verhältnisses zueinander und zum Kind sowie über ihre Aufgabenverteilung in der Ehe [...] faktisch noch keine gleichberechtigte Partnerschaft besteht."[75] Die Hoffnung, dass seit der Abschaffung des Zwangs zum gemeinsamen Ehenamen (soeben IV. 2. a) Frauen „ihrem gewandelten Selbstverständnis entsprechend in der Namensführung auch faktisch gleichberechtigt" sind,[76] hat sich offenbar nicht erfüllt. Manifestiert sich hier eine strukturelle Unterlegenheit der Ehefrau und Mutter, die – um Konflikte zu vermeiden und sozialen Konventionen zu genügen – auf ihren Namen verzichtet?

Würde diese naheliegende Annahme zutreffen, dann müsste auch aus Gleichbehandlungserwägungen über eine Reform des derzeitigen Namensrechts nachgedacht werden.[77] Dabei ginge es aber zu weit, wie von den Grünen im Jahr 1989 vorgeschlagen, gemeinsame Namen in der Paar- und Elternbeziehung zu verbieten, etwa durch eine zwingend getrennte Namensführung von Ehegatten („Jede Person behält grundsätzlich – auch bei Eheschließung – ihren Geburtsnamen") und die zwingende Weitergabe des Namens im Frauenstamm („Kinder erhalten den Namen der Mutter"), um „patriarchale" Strukturen im Namensrecht aufzubrechen und Frauen nicht mehr – „oft nur um des ‚Familienfriedens willen'" – zur Aufgabe ihres Namens zu drängen.[78] Dieser Vorschlag dürfte auch verfassungsrechtlich unzulässig sein.[79] Ein milderes Mittel wäre die Zulässigkeit von

---

75 BVerfG 30.1.2002, BVerfGE 104, 373 = StAZ 2002, 72 = FamRZ 2002, 306 (310).

76 *Nina Dethloff/Susanne Walter* Abschied vom Zwang zum gemeinsamen Ehenamen, NJW 1991, 1575 (1579).

77 Vgl. bereits zur mittelbaren Benachteiligung der Frau im Namensrecht *Ute Sacksofsky* Das Ehenamensrecht zwischen Tradition und Gleichberechtigung – zum neuen Ehenamensurteil des BVerfG, FPR 2004, 371 (374).

78 Antrag der Fraktion der Grünen zum Namensrecht vom 26.4.1989, BT-Drucks. 11/4437; in eine ähnliche Richtung („unter sachlich-pragmatischem Aspekt erweist sich jedoch die Anknüpfung an den Mutternamen als überlegen") zuvor bereits *Coester* (Fn. 43) 304, allerdings mit der damals noch durchaus zutreffenden Beobachtung, dass nach dem Scheitern der Elternbeziehung regelmäßig die Mutter die zentrale Zuordnungsperson für das Kind ist.

79 *Gaaz* (Fn. 18) 165 in Fn. 63.

Doppelnamen, auch als Gebot der Gleichberechtigung von Mann und Frau, wie es in Art. 3 Abs. 2 GG niedergelegt ist.[80] Zwar hat das Bundesverfassungsgericht im Jahr 2002 das Doppelnamensverbot beim Ehe- und Geburtsnamen noch gehalten,[81] ähnlich wie der Europäische Gerichtshof für Menschenrechte.[82] Aber jedenfalls das Bundesverfassungsgericht hat mittlerweile für mittelbare Diskriminierungen im Personenstandsrecht ein sehr feines Gespür. Losgelöst von der Frage, ob der „Doppelname als Menschenrecht"[83] anzusehen ist, lässt sich das Verbot der Doppelnamen zumindest rechtspolitisch nicht mehr halten,[84] wie nun auch das Eckpunktepapier des Bundesinnenministeriums und des Bundesjustizministeriums betont;[85] seit April 2020 liegt sogar ein Gesetzesentwurf der Freien Demokraten vor, der echte Doppelnamen für Ehepaare und Kinder einführen möchte.[86]

---

80 Siehe bereits *Hildegard Krüger* Der Name der Frau nach bürgerlichem Recht, AcP 156 (1957) 232 (257); *Sacksofsky* (Fn. 77) 375; *dies.* Das Bundesverfassungsgericht und das Familiennamensrecht – Ein Schritt zurück im Zickzackkurs, FPR 2010, 15 (19 f.); so auch *Lettmaier* (Fn. 74) 8 ff.; auch in der Begründung des Entwurfs eines Gesetzes zur Neuordnung des Familiennamensrechts (Fn. 48) S. 12, klingt dieser Gedanke an: „Die Möglichkeit eines solchen Doppelnamens gestattet den Ehegatten Kompromisse bei der Bestimmung des künftigen gemeinsamen Familiennamens: Der Doppelname spiegelt nicht nur die mit der Eheschließung bewirkte gleichberechtigte Einheit der Ehegatten; er vermittelt jedem der Ehegatten auch subjektiv das Gefühl, sich in seinem neuen – nunmehr gemeinsamen – Familiennamen ‚wiederzufinden'".
81 BVerfG 30.1.2002, BVerfGE 104, 373 = StAZ 2002, 72 = FamRZ 2002, 306 (308 ff.); nochmals bestätigt in BVerfG 5.5.2009, BVerfGE 123, 90 = StAZ 2009, 179 = FamRZ 2009, 939 (941).
82 EGMR 6.5.2008, Nr. 33572/02 (Alexandra von Rehlingen and others against Germany), deutsche Übersetzung abgedruckt in StAZ 2008, 375; zu dieser Entscheidung *Berthold Gaaz* Zum Recht des Kindesnamens in Europa, StAZ 2008, 365.
83 *Berthold Gaaz* Der Doppelname als Menschenrecht? – Zum Recht des Kindesnamens in Europa, in: FS für Rainer Frank (2008) S. 381.
84 Für die Zulässigkeit von Doppelnamen etwa *Nina Dethloff/Susanne Walther* Der Ehename im Lichte von Persönlichkeitsrecht und Gleichberechtigung, EuGRZ 1987, 41 (47); *Günther Grasmann* Zur Reform des Ehe- und Familiennamens im deutschen Sach- und Verweisungsrecht, ZRP 1990, 12 (14 f.); *Schwenzer* (Fn. 43) 395, 396; *Dagmar Coester-Waltjen* „Auf dass Ihr euch ewig bindet..." – Das Ehenamensrecht, Jura 2007, 586 (589); siehe auch die differenzierten Vorschläge für Begleitnamen von *Robert Battes* Der Weg aus der Sackgasse – Vorschlag für eine gründliche Reform des deutschen Namensrechts, FamRZ 2008, 1037; *ders.* Prolegomena zu einer grundlegenden Reform des deutschen Namensrechts, in: FS für Harm Peter Westermann (2008) S. 93 (107 f.); *Hilbig-Lugani* (Fn. 20) § 1617 BGB Rn. 25; *von Sachsen Gessaphe* (Fn. 22) § 1355 BGB Rn. 72; *ders.* (Fn. 21) § 1617 BGB Rn. 43 f.
85 Eckpunkte zur Reform des Namensrechts (Fn. 2) S. 7 unter III. 6.
86 Siehe den Entwurf eines Gesetzes zur Änderung des Ehe- und Geburtsnamensrechts – Echte Doppelnamen für Ehepaare und Kinder, BT-Drucks. 19/18314.

3 Elternrecht und allgemeines Persönlichkeitsrecht

Einer Klassifizierungsfunktion des Namens werden auch durch andere höher-rangige Prinzipien Grenzen gesetzt. Das betrifft etwa den Vornamen des Kindes, der, wie bereits erwähnt, traditionell auch über das Geschlecht des Kindes Aus-kunft geben sollte (oben III. 1.). Allerdings kam das Bundesverfassungsgericht zu dem Ergebnis, dass diese Klassifizierungsfunktion mit den in Art. 6 Abs. 2 GG verbürgten Elternrechten unvereinbar ist. Grenze bei der Vornamenswahl kann allein das Kindeswohl sein,[87] sodass vor allem ein geschlechtsneutraler Vorname zulässig ist, anders als womöglich ein geschlechtswidriger.

Auch die zunehmende Bedeutung des „Bands zwischen Person und Name"[88] reflektiert das Verfassungsrecht: Der Schutz unserer Persönlichkeit umfasst auch den Namen, sei es im deutschen Verfassungsrecht als Element des allgemeinen Persönlichkeitsrechts nach Art. 2 Abs. 1 GG in Verbindung mit Art. 1 Abs. 1 GG[89] oder in der Europäischen Menschenrechtskonvention[90] (EMRK) und in der euro-päischen Grundrechtecharta[91] (GRCh) als Teil des Privat- und Familienlebens nach Art. 8 EMRK[92] und Art. 7 GRCh[93]. Wenig überraschend beschränkt deshalb auch das allgemeine Persönlichkeitsrecht des Namensträgers eine Klassifizie-

---

87 Vor allem BVerfG 3.11.2005, StAZ 2006, 50 = FamRZ 2005, 2049 und BVerfG 5.12.2008, StAZ 2009, 76 = FamRZ 2009, 294; so auch bereits BVerfG 30.1.2002, BVerfGE 104, 373 = StAZ 2002, 72 = FamRZ 2002, 306 (308).

88 Vgl. auch *Walter Pintens* Namensrecht, in: Jürgen Basedow/Klaus Hopt/Reinhard Zimmer-mann (Hrsg.) Handwörterbuch des Europäischen Privatrechts, Band II (2009) S. 1093 (1094) („das Band zwischen der Person und ihrem Namen" wird „stärker akzentuiert").

89 Etwa BVerfG 30.1.2002, BVerfGE 104, 373 = StAZ 2002, 72 = FamRZ 2002, 306 (308); BVerfG 18.2.2004, BVerfGE 109, 256 = StAZ 2004, 104 = FamRZ 2004, 515 (516); BVerfG 5.5.2009, BVerfGE 123, 90 = StAZ 2009, 179 = FamRZ 2009, 939 (940); so bereits *Krüger* (Fn. 80) 242 („Das ist so allgemein anerkannt, daß sich Zitate erübrigen").

90 Konvention zum Schutze der Menschenrechte und Grundfreiheiten vom 4.11.1950, BGBl. 1952 II S. 685.

91 Charta der Grundrechte der Europäischen Union vom 12.12.2007, ABl. 2007 C 303/1.

92 EGMR 22.2.1994, Nr. 16213/90 (Case of Burghartz v. Switzerland) Rn. 24; EGMR 25.11.1994, Nr. 18131/91 (Case of Stjerna v. Finland) Rn. 37.

93 EuGH 22.12.2010, Rs. C-208/09 (Ilonka Sayn-Wittgenstein gegen Landeshauptmann von Wien) Slg. 2010, I-13693 = StAZ 2011, 77 = FamRZ 2011, 1486, Rn. 52; EuGH 12.5.2011, Rs. C-391/09 (Małgożata Runevič-Vardyn, Łukasz Paweł Wardyn gegen Vilniaus miesto savivaldybės admi-nistracija, Lietuvos Respublikos teisingumo ministerija, Valstybinė lietuvių kalbos komisija, Vil-niaus miesto savivaldybės administracijos Teisės departamento Civilinės metrikacijos skyrius) Slg. 2011, I-3787 = StAZ 2011, 274 = FamRZ 2011, 1038, Rn. 66; EuGH 2.6.2016, Rs. C-438/14 (Nabiel Peter Bogendorff von Wolffersdorff gegen Standesamt der Stadt Karlsruhe und Zentraler Juristi-scher Dienst der Stadt Karlsruhe) StAZ 2016, 203 = FamRZ 2016, 1239, Rn. 35.

rungsfunktion des Familiennamens im Hinblick auf die Familienzugehörigkeit. Das Bundesverfassungsgericht betonte im Jahr 2004, dass bei der Wahl des Ehenamens die Ehegatten nicht nur auf ihre Geburtsnamen beschränkt sein dürfen, sondern auch den so genannten Präsenznamen wählen können müssen, also den Familiennamen, den ein Ehegatte zum Zeitpunkt der Eheschließung führt,[94] beispielsweise den durch eine Vorehe erworbenen Ehenamen, der nach Beendigung der Vorehe von dem Ehegatten weitergeführt wurde (§ 1355 Abs. 5 S. 1 BGB), gegebenenfalls sogar in Verbindung mit einem Begleitnamen (siehe oben IV. 2. b). Der Gesetzgeber reagierte mit einer entsprechenden Neufassung des § 1355 Abs. 2 BGB.[95] Sogar Ehenamen aus weiter zurückliegenden Ehen können nunmehr als Ehenamen an einen neuen Ehegatten weitergegeben werden.[96]

4 Integration

Auch die Individualisierungsfunktion des Namens steht im geltenden Namensrecht nicht mehr uneingeschränkt zur Verfügung, auch jenseits des Konflikts mit der Klassifizierungsfunktion (oben III. 1.). Bereits die Möglichkeit einer isolierten Namensänderung aus wichtigem Grund nach dem Namensänderungsgesetz (oben II.) weist darauf hin, dass die Namenskontinuität auch namensrechtsfremden Belangen weichen muss, beispielsweise dem allgemeinen Persönlichkeitsrecht des Namensträgers, das durch ein Festhalten an einem unzumutbaren Namen beeinträchtigt wird.[97]

Darüber hinaus hat der Gesetzgeber die Namenskontinuität erheblich relativiert, etwa um eine namensrechtliche Integration von Neubürgern zu fördern. Das deutsche Namenskollisionsrecht folgt dem Staatsangehörigkeitsprinzip. Nach Art. 10 Abs. 1 EGBGB unterliegt der Name der Person dem Recht des Staates, dem der Namensträger angehört. Erwirbt eine Person nachträglich die deutsche Staatsangehörigkeit, so wechselt das anwendbare Namensrecht; der nach ausländischem Recht erworbene Name unterliegt fortan deutschem Recht. Allerdings

---

94 BVerfG 18. 2. 2004, BVerfGE 109, 256 = StAZ 2004, 104 = FamRZ 2004, 515 m. kritischer Anm. *Jan von Hein* („Das vorliegende Urteil des BVerfG ist einem Maße verfehlt, dass es zunächst schwerfällt, sich ihm anders als satirisch zu nähern").
95 Durch das Gesetz zur Änderung des Ehe- und Lebenspartnerschaftsnamensrechts vom 6. 2. 2005, BGBl. 2005 I S. 203.
96 Näheres etwa bei *Hepting/Dutta* (oben Fn. 6) Rn. III-580.
97 Siehe auch die Fallgruppen für einen wichtigen Grund für eine Namensänderung in Ziff. 33 ff. der Allgemeinen Verwaltungsvorschrift zum Gesetz über die Änderung von Familiennamen und Vornamen (oben Fn. 29).

sieht seit 2007 und der großen Personenstandsrechtsreform[98] Art. 47 EGBGB eine Angleichung des Namens an die inländische Namenstypologie vor. Etwa kann der Neubürger nach Art. 47 Abs. 1 S. 1 Nr. 4 und Nr. 5 EGBGB die ursprüngliche Form eines nach dem Geschlecht oder dem Verwandtschaftsverhältnis abgewandelten Namens annehmen („Tschaikowski" statt „Tschaikowskaja") und sogar für eine deutschsprachige Form seines Vor- oder Familiennamens optieren („Peter Schmidt" statt „Pjotr Šmit"). Der Statutenwechsel ermöglicht mithin in Grenzen eine isolierte Namensänderung.

5 Personenfreizügigkeit und Diskriminierungsverbot

Eine erhebliche Einschränkung hat sowohl die Individualisierungs- als auch die Klassifizierungsfunktion des Namens durch das Unionsrecht erfahren. In mehreren Entscheidungen hat der Gerichtshof der Europäischen Union[99] klargestellt, dass die Unterschiede in den Namensrechten der Mitgliedstaaten die Personenfreizügigkeit (Art. 21 Abs. 1 AEUV) beschränken und gegen das Diskriminierungsverbot (Art. 18 AEUV) verstoßen können, wenn Unterschiede vor allem auch der mitgliedstaatlichen Namenskollisionsrechte zu hinkenden Namensverhältnissen führen und ein und derselbe Unionsbürger in unterschiedlichen Mitgliedstaaten unterschiedliche Namen trägt.[100] Kurzgefasst folgert der Gerichtshof, dass ein in einem Mitgliedstaat tatsächlich erlangter Name in den anderen Mitgliedstaaten anzuerkennen ist.[101]

Mittlerweile hat der deutsche Gesetzgeber versucht, dieses Anerkennungsgebot in einem neuen Art. 48 EGBGB umzusetzen, der es einem Namensträger unter bestimmten Voraussetzungen gestattet, einen in einem anderen Mitglied-

---

[98] Gesetz zur Reform des Personenstandsrechts vom 19. 2. 2007, BGBl. 2007 I S. 122.

[99] Vor allem EuGH 2. 10. 2003, Rs. C-148/02 (Carlos Garcia Avello gegen Belgischer Staat) Slg. 2003, I-11613 = StAZ 2004, 40 = FamRZ 2004, 173; EuGH 14. 10. 2008, Rs. C-353/06 (Stefan Grunkin und Dorothee Regina Paul) Slg. 2008, I-7639 = StAZ 2009, 9 = FamRZ 2008, 2089; EuGH 22. 12. 2010, Rs. C-208/09 (Ilonka Sayn-Wittgenstein gegen Landeshauptmann von Wien) Slg. 2010, I-13693 = StAZ 2011, 77 = FamRZ 2011, 1486; EuGH 2. 6. 2016, Rs. C-438/14 (Nabiel Peter Bogendorff von Wolffersdorff gegen Standesamt der Stadt Karlsruhe und Zentraler Juristischer Dienst der Stadt Karlsruhe) StAZ 2016, 203 = FamRZ 2016, 1239.

[100] Hierauf hat übrigens bereits *Dietrich Nelle* Der Familienname – Perspektiven für eine rechtsvereinheitlichende Reform (Teil II), FamRZ 1990, 935 (940) hingewiesen.

[101] So bereits *Dieter Henrich* Das internationale Namensrecht auf dem Prüfstand des EuGH, FS für Andreas Heldrich (2005) S. 667 (675); ein Überblick über die bisherige namensrechtliche EuGH-Rechtsprechung findet sich bei *Anatol Dutta* Namenstourismus in Europa? FamRZ 2016, 1213 (1214 ff.).

staat erworbenen und dort in einem Personenstandsregister eingetragenen Namen zu wählen. Diese Vorschrift setzt das unionsrechtliche Anerkennungsgebot nur unzureichend um.[102] Sinnvoller wäre es, der Unionsgesetzgeber würde reagieren und durch eine Vereinheitlichung des Namenskollisionsrechts und die Einführung eines Anerkennungsprinzips das Problem an der Wurzel packen.[103] In anderen Mitgliedstaaten spielen die Individualisierungs- und Klassifizierungsfunktion des Namens eine geringere Rolle als bei uns, bis zum vollständigen Vollzug des Austritts des Vereinigten Königreichs aus der Europäischen Union[104] etwa noch in England und Wales, dessen Namensrecht dem Einzelnen über das deed-poll-Verfahren grundsätzlich eine freie Wahl seines Namens gestattet.[105] Das Unionsrecht ermöglicht damit einen gewissen Namenstourismus, zumal der Gerichtshof für das deutsche Namensrecht betont hat, dass die Namenskontinuität (Identifikationsfunktion, oben III. 1.) und die Offenlegung von Familienbeziehungen (Klassifizierungsfunktion, oben III. 1.), aber auch die Begrenzung mehrgliedriger Namen (Ordnungsinteresse des Staates, oben III. 2.) keine Gründe sind, die einen Eingriff in die Personenfreizügigkeit und einen Verstoß gegen das Diskriminierungsverbot rechtfertigen.[106]

---

102 Siehe für eine Fallgruppe EuGH 8.6.2017, Rs. C-541/15 (Mircea Florian Freitag) StAZ 2017, 338 = FamRZ 2017, 1175; daneben ist Art. 48 EGBGB auch in weiterer Hinsicht zu eng gefasst, um die Rechtsprechung des Gerichtshofs im deutschen Recht vollständig zu implementieren, im Einzelnen *Hepting/Dutta* (Fn. 6) Rn. II-451 ff.

103 Ein Vorschlag für eine europäische Verordnung zum internationalen Namensrecht findet sich bei *Anatol Dutta/Rainer Frank/Robert Freitag/Tobias Helms/Karl Krömer/Walter Pintens* Ein Name in ganz Europa – Entwurf einer Europäischen Verordnung über das Internationale Namensrecht, StAZ 2014, 33; englische Kurzfassung (One Name Throughout Europe – Draft for a European Regulation on the Law Applicable to Names) in YPIL 15 (2013/2014) 31 sowie französische Kurzfassung (Un nom dans toute l'Europe – Une proposition de règlement européen sur le droit international du nom) in Rev. crit. dr. int. pr. 2014, 733; zu dem Vorschlag siehe auch *Anatol Dutta/Tobias Helms/Walter Pintens* (Hrsg.) Ein Name in ganz Europa – Vorschläge für ein Internationales Namensrecht der Europäischen Union (2016).

104 Zur Fortwirkung der Problematik womöglich auch nach Ablauf des Übergangszeitraums *Anatol Dutta* Brexit und Standesamt: Bye-bye? Vorerst nicht, StAZ 2020, 65 (66 f.).

105 Details bei *Saskia Lettmaier* Personennamen und Recht in Großbritannien aus rechtswissenschaftlicher Sicht, StAZ 2015, 289.

106 Siehe jüngst vor allem den EuGH 2.6.2016, Rs. C-438/14 (Nabiel Peter Bogendorff von Wolffersdorff gegen Standesamt der Stadt Karlsruhe und Zentraler Juristischer Dienst der Stadt Karlsruhe) StAZ 2016, 203 = FamRZ 2016, 1239, Rn. 48 ff.

V Rechtspolitische Konsequenzen für eine Neugestaltung des Namensrechts

Was folgt aus dem bisherigen Befund rechtspolitisch? Mit dieser Frage stoße ich zum Kern meines Themas vor. Wenn ein Gesetzgeber die traditionellen Funktionen eines Rechtsinstituts (III.) aus übergeordneten Gründen nicht mehr vollständig umsetzen kann (IV.), dann muss der Gesetzgeber diese Funktionen als Regelungsmaximen aufgeben. Andernfalls kann der Gesetzgeber willkürliche Ergebnisse nicht vermeiden. Dass die Individualisierung und Klassifizierung des Namensträgers nicht mehr Richtschnur für die Ausgestaltung des Namensrechts sein sollte, ergibt sich aber auch losgelöst von diesen übergeordneten Gründen: Der Name taugt zur Erfüllung der traditionellen Funktionen zunehmend nicht mehr, auch weil diese Funktionen widersprüchliche Anforderungen an das Namensrecht stellen (oben III. 1.). Zudem sind die traditionellen Funktionen des Namens an sich rechtspolitisch zweifelhaft geworden, insbesondere die Klassifizierung der Bürger durch ihre Namen (oben IV. 1.).

1 Besinnung auf die Selbstdarstellungsfunktion des Namens = Mehr Namenswahlfreiheit wagen

Der Gesetzgeber sollte sich daher auf eine andere Funktion des Namens konzentrieren. Der Name dient als Teil unserer Persönlichkeit auch der Selbstdarstellung unserer Person in der Gesellschaft,[107] die vor allem auf individuellen Assoziationen und Emotionen beruht, die ein bestimmter Name, sein sprachlicher Gehalt und Klang, auslöst. Über diese Selbstdarstellung durch seinen Namen sollte der Einzelne frei entscheiden dürfen, wie auch über andere Elemente des persönlichen Erscheinungsbilds in der Sozialsphäre, die menschlich beeinflussbar sind. Was unterscheidet den Namen – wenn man seine Individualisierungs- und Klassifizierungsfunktion beiseitelässt – vom Bekleidungsstil oder sonstigen Habitus, den das Recht nur in Ausnahmefällen (Pflicht zur Uniform oder Amtstracht) vorgibt? Ein Namensrecht, das die Selbstdarstellungsfunktion des Namens ernst nimmt, muss die Bestimmung des Namens in erster Linie dem Namensträger

---

[107] *Hepting* (Fn. 25) 2, 3; vgl. auch – insbesondere im Hinblick auf die Bedeutung des allgemeinen Persönlichkeitsrechts für den Namen (dazu bereits oben IV. 3.) – BVerfG 30.1.2002, BVerfGE 104, 373 = StAZ 2002, 72 = FamRZ 2002, 306 (308); BVerfG 18.2.2004, BVerfGE 109, 256 = StAZ 2004, 104 = FamRZ 2004, 515 (516); BVerfG 5.5.2009, BVerfGE 123, 90 = StAZ 2009, 179 = FamRZ 2009, 939 (940, 942).

überlassen und eine *umfassende Namenswahlfreiheit* gewähren.[108] Nicht die Freiheit des Einzelnen, seinen Namen zu wählen, ist danach begründungsbedürftig, sondern ihre Verweigerung oder Einschränkung.

Gegen eine solche Namenswahlfreiheit als Ausfluss der Selbstdarstellungsfunktion des Namens lassen sich zunächst keine *privaten* Interessen in Stellung bringen, wenigstens nicht im Grundsatz (zu Grenzen im Einzelfall sogleich V. 2. a und b). Zwar wird der Namensträger seinen Namen auch anhand der im Namen traditionell kodierten Eigenschaften (vgl. oben III. 1.) wählen. Diese werden oftmals die für die Namenswahl maßgeblichen Assoziationen und Emotionen auslösen. Anders als bei der Klassifizierungsfunktion entscheidet bei der Selbstdarstellungsfunktion damit der Namensträger selbst, welche Eigenschaften – zutreffend oder nicht – sein Name transportieren könnte, und nicht der Staat, welchen Namen der Namensträger aufgrund seiner Eigenschaften zu tragen hat. Eine relevante Irreführung der anderen Mitglieder der Gesellschaft über die im Namen kodierten Eigenschaften ist allerdings nicht zu befürchten. Die Zeiten sind vorbei, in denen im gesellschaftlichen oder gar geschäftlichen Verkehr der Name einer Person andere Gesellschaftsmitglieder zu Dispositionen veranlasst hat, weil diese darauf vertrauen, dass die im Namen kodierten Eigenschaften in der Person des Namensträgers auch zutreffen, etwa dieser einer bestimmten Familie angehört oder eine bestimmte gesellschaftliche Stellung einnimmt. Jedenfalls insoweit gilt – jenseits einer Täuschung über die Identität – heute uneingeschränkt: Der

---

108 Siehe etwa bereits *Sturm* (Fn. 3) 618 f. (Forderung nach einer „größtmöglichen Wahlfreiheit"); *Sacksofsky* (Fn. 77) 375 (Forderung nach Verzicht „auf die Überregulierung im Namensrecht"); *Andrea Woelke* Namensrecht und Selbstbestimmung, FamRZ 2004, 1342 (für eine freie Namenswahl); sogar aus verfassungsrechtlicher Perspektive für eine grundsätzliche Verfügungsbefugnis des Einzelnen über seinen Namen auch *Alexander Blankenagel* Das Recht, ein „Anderer" zu sein, DÖV 1985, 953 (961 ff.); vgl. auch *Michael Grünberger* Von Bernhard Markus Antoinette zu Anderson Bernd Peter – Von der Ordnungsfunktion und der Identitätsfunktion des Vornamens, AcP 207 (2007) 314 (338) (jedenfalls Namenswahlfreiheit im Hinblick auf den Vornamen); *Christian Majer* Aus Ahmed Mustafa wird Albert Mustermann – Eindeutschung des Namens jenseits der kollisionsrechtlichen Namensangleichung nach Art. 47 EGBGB, StAZ 2018, 80 (für die Wahlmöglichkeit zugunsten eines deutschen Namens; hierfür auch *Matthias Hettich* Rezension von Mertens, Das Namensänderungsgesetz [2018] StAZ 2018, 294 [295]); für eine Liberalisierung der öffentlichrechtlichen Namensänderung *Laura Antonia Mertens* Das Namensänderungsgesetz (2018) S. 189 ff.; *dies.* Über Sinn und Unsinn der öffentlich-rechtlichen Namensänderung – sieben Fragen zum NamÄndG, StAZ 2018, 329 (331 f.); *Hettich* aaO 295. Allgemein für eine Liberalisierung des Namensrechts auch die Eckpunkte zur Reform des Namensrechts (Fn. 2) S. 4 f. unter II. 3.

Name ist „Schall und Rauch"[109]. Hinzu kommt, dass das Recht heute ohnehin im privaten Verkehr Pseudonyme gestattet und grundsätzlich keine Pflicht zur Führung des rechtlichen Namens besteht (näher noch unten VI.).

Aber auch *öffentliche* Belange stehen einer Namenswahlfreiheit nicht prinzipiell (für Einzelfälle noch unten V. 2. c und d) entgegen. Insbesondere dürfte ein Mehr an Namenswahlfreiheit die Arbeit der Sicherheitsbehörden nicht beeinträchtigen. Zu berücksichtigen ist, dass es bereits nach geltendem Recht häufig zu Namensänderungen kommt, welche die Sicherheitsbehörden nicht vor unlösbare Aufgaben stellen. Womöglich nimmt die Anzahl der Namensänderungen nach Einführung einer Namenswahlfreiheit sogar ab. Denn diese beinhaltet auch die negative Wahlfreiheit, den Namen nicht in Konstellationen zu ändern, in denen das Recht dies heute von Gesetzes wegen tut (siehe unten V. 2. a). Die Tatsache, dass die Individualisierung der Bürger für den Staat in Zeiten der Digitalisierung effektiver über Personennummern erfolgt, wurde bereits angesprochen (oben III. 1.). Auch Mitteilungspflichten der Standesämter und die zentrale Registrierung von Namensänderungen räumen Bedenken der öffentlichen Sicherheit gegen eine Namenswahlfreiheit aus,[110] jedenfalls in den wenigen Bereichen, in denen die Führung des rechtlichen Namens überhaupt für den Bürger verpflichtend ist (erneut näher unten VI.).

Entscheidend ist auch ein weiterer Punkt, der für eine Konzentration auf die Selbstdarstellungsfunktion des Namens und eine grundsätzlich umfassende Namenswahlfreiheit streitet. Die übergeordneten Gründe, die den Gesetzgeber zur Relativierung der traditionellen Namensfunktionen gezwungen haben (oben IV.), stehen einer Namenswahlfreiheit des Namensträgers nicht entgegen. Im Gegenteil: Eine Namenswahlfreiheit würde der Gleichheit vor dem Gesetz, dem Elternrecht und dem allgemeinen Persönlichkeitsrecht, aber auch der namensrechtlichen Integration sowie der Personenfreizügigkeit und dem Diskriminierungsverbot sogar einen breiteren Raum verschaffen, als das bisher der Fall ist, wo der Gesetzgeber bislang lediglich punktuell die traditionellen Namensfunktionen relativiert hat.[111] Eine Stärkung der Selbstdarstellungsfunktion des Namens war deshalb oftmals Reflex bei der gesetzgeberischen Relativierung der namensrechtlichen Individualisierung und Klassifizierung,[112] aber eben nur insoweit, als

---

109 Zur wirklichen Bedeutung der Antwort auf die Gretchenfrage etwa *Walter Pintens* Ist der Name Schall und Rauch? in: Diethelm Klippel/Hans-Jürgen Becker/Reinhard Zimmermann (Hrsg.) Colloquia für Dieter Schwab zum 65. Geburtstag (2000) S. 37 (37 f.).
110 So auch bereits *Blankenagel* (Fn. 108) 962; vgl. auch Eckpunkte zur Reform des Namensrechts (Fn. 2) S. 8 unter III. 11.
111 In diese Richtung auch *Lettmaier* (Fn. 74) 6.
112 Vgl. *Hepting* (Fn. 16) 119.

es aus den übergeordneten Gründen (oben IV. 2 – 5.) erforderlich war. Auch die zahlreichen Wertungswidersprüche im geltenden Namensrecht würde eine solche Namenswahlfreiheit auflösen, die allesamt aus einer Beschränkung der namensrechtlichen Privatautonomie resultieren, um die traditionellen Funktionen des Namens, soweit wie noch möglich (oben IV.), umzusetzen. So schrieb Thomas Wagenitz – der im Bundesjustizministerium und später am Bundesgerichtshof das Namensrecht lange begleitet hat – nach einer der vergangenen Namensrechtsreformen im Jahr 1998 mit etwas Resignation: „Kein Wunder, daß der Ruf nach weiteren Reformen nicht verstummt [...]. Vielleicht wird er das Namensrecht bis zur völligen Freigabe jeder Namenswahl durch einen – uns wohl fernen – Gesetzgeber begleiten."[113]

Eine Liberalisierung des Namensrechts wäre schließlich auch aus historisch-vergleichender Perspektive konsequent. Mit der Einführung einer Namenswahlfreiheit des Namensträgers würde sich das deutsche Recht aktuellen Entwicklungen in benachbarten Rechtsordnungen anschließen (näher noch unten V. 3.) und auch rechtsgeschichtlich würde sich ein Kreis schließen: Wie bereits angedeutet (oben III. 1.) und noch näher zu sehen sein wird (unten VI.), war die Bestimmung des Namens erst spät ein Thema für das Recht. Des Weiteren würde eine Namenswahlfreiheit das Namensrecht an die heutigen Wertungen eines anderen Rechtsgebiets annähern, das historisch eng mit dem Namensrecht verknüpft ist: das Firmenrecht,[114] das bereits vor mehr als 20 Jahren eine starke Liberalisierung erfahren hat.[115] Damals hat der Gesetzgeber ebenfalls die Klassifizierungsfunktion der handelsrechtlichen Firma aufgegeben und neben der Personen- und Sachfirma auch die Phantasiefirma zugelassen, soweit diese nach § 18 des Handelsgesetzbuchs zur Kennzeichnung geeignet ist, Unterscheidungskraft besitzt und das Irreführungsverbot wahrt. Ähnlich wie hier für das Namensrecht vorgeschlagen, war es erklärtes Ziel der Firmenrechtsreform, die Selbstdarstellungsfunktion der Firma zu stärken und Unternehmen „größere Wahlfreiheit bei der Bildung aussagekräftiger und werbewirksamer Firmen" zu geben.[116] Im Firmenrecht ist der Schutz der Gesellschaftsmitglieder und speziell

---

113 *Thomas Wagenitz* Neues Recht in alten Formen: Zum Wandel des Kindesnamensrechts, FamRZ 1998, 1545 (1552).

114 Zu historischen Parallelen bei der Entwicklung des Firmen- und Namens(schutz)rechts *Klippel* (Fn. 32).

115 Mit dem Gesetz zur Neuregelung des Kaufmanns- und Firmenrechts und zur Änderung anderer handels- und gesellschaftsrechtlicher Vorschriften vom 22.6.1998, BGBl. 1998 I 1474.

116 Begründung des Entwurfs eines Gesetzes zur Neuregelung des Kaufmanns- und Firmenrechts und zur Änderung anderer handels- und gesellschaftsrechtlicher Vorschriften, BT-Drucks. 13/8444, S. 35.

der Verbraucher vor einer Irreführung über den Gegenstand des Unternehmens durch eine „unrichtige" Firma sehr viel bedeutsamer als im Namensrecht. Zudem besteht hier anders als beim rechtlichen Namen (unten VI.) sogar eine Pflicht des Unternehmers, die handelsrechtliche Firma zu führen.[117] Daher drängt sich der Schluss auf: Wenn das Firmenrecht eine weitreichende Wahlfreiheit gewährt, darf das Namensrecht nicht hinterherhinken.

2 Notwendige Grenzen der Namenswahlfreiheit

Freilich dürfte diese Namenswahlfreiheit nicht unbegrenzt sein und der Name nicht gänzlich den sich dann wieder herausbildenden Sitten und Gebräuchen (vgl. auch noch näher unten VI.) überlassen werden. Wie allgemein bei der Privatautonomie muss auch im Namensrecht gelten: Keine Freiheit ohne Grenzen.

a) Wohl des Namensträgers, insbesondere Kindeswohl bei der Namensbestimmung durch die Eltern

Eine erste Schranke muss das Recht immer dann aufstellen, wenn Dritte den Namen für den Namensträger festlegen, vor allem wenn die Eltern in Ausübung ihrer Personensorge (vgl. bereits oben I.) den Namen ihres Kindes erstmalig wählen. Hier darf die Wahl des Namens – wie alle Entscheidungen im Rahmen von Fürsorgeverhältnissen – nicht dem Wohl des Namensträgers widersprechen, also insbesondere nicht dem Kindeswohl. Ein mutiger Gesetzgeber würde es bei einem solchen *allgemeinen Kindeswohlvorbehalt* belassen und darauf vertrauen, dass die Standesämter, Personenstands- und Familiengerichte – wie derzeit bereits beim Vornamen (oben I.) – das namensrechtliche Wohl des Namensträgers ausreichend schützen. Ein solcher Kindeswohlvorbehalt würde auch für hinreichende Flexibilität sorgen. Denn selbstverständlich ist das namensrechtliche Kindeswohl nicht nur einzelfallbezogen im Hinblick auf die familiäre und gesellschaftliche Umgebung des Kindes zu bestimmen, sondern auch dynamisch ausgestaltet und kann sich – je nach den namensbezogenen Sitten und Bräuchen – wandeln.

Die Wahl welcher Namen durch die Eltern für das Kind würde man aus heutiger Sicht als kindeswohlwidrig ausschließen? (1) Unzulässig, weil kindeswohlwidrig, dürfte die Wahl eines Familiennamens sein, der *keinerlei Bezug zum*

---

117 BayObLG 20.9.1967, BayObLGZ 1967, 353 (355).

familiären Umfeld des Kindes aufweist. In den derzeitigen gesellschaftlichen Verhältnissen dokumentiert der Familienname eine Verbindung zu den Eltern und deren Familien. Die Klassifizierungsfunktion kann subjektiv für Kinder notwendiges Element des Kindeswohls sein.[118] (2) Ebenfalls kindeswohlwidrig dürfte ein Familienname sein, der ohne näheren Grund *von dem Namen der Vollgeschwister abweicht* (derzeit § 1617 Abs. 1 S. 3 BGB), jedenfalls wenn man die Geschwisterbindung gerade bei Krisen in der Elternbeziehung als Stabilitätsanker sieht und den gemeinsamen Familiennamen als Beitrag zur Verfestigung der Geschwisterbindung.[119] (3) Schließlich dürfte auch eine *spätere Änderung des Kindesnamens* durch die Inhaber der Personensorge dem Kindeswohl im Regelfall widersprechen. Wie bereits Michael Coester vor vielen Jahren in seiner Göttinger Antrittsvorlesung dargelegt hat, sind – die speziell im geltenden Namensrecht oftmals allzu leichtfertig vorgesehenen – Namenswechsel des Kindes[120] problematisch: Für das Kind kann ein „kontinuierlicher Name [...] gerade bei wechselnden Familienstrukturen der hilfreiche Strohhalm sein, an dem das Kind seine unaustauschbare Identität bei sonst fluktuierenden Bezugsverhältnissen festmacht. Wechselt sein Name mit jeder Veränderung auf Elternseite, wird es ihm schwerer fallen, sich als eigenständiges Individuum unabhängig von den Personen zu verstehen, denen es rechtlich oder sozial zugeordnet ist."[121] Diesen Worten ist nichts hinzuzufügen. Bedauerlicherweise hat sich allerdings der deutsche Gesetzgeber bisher der Erkenntnis verschlossen, dass Namensänderungen des Kindes, speziell durch nachträgliche Wahlmöglichkeiten der Eltern und durch Erstreckung von Namensänderungen der Eltern, aus Sicht des Kindeswohls bedenklich sind. Zwar bezieht das geltende Namensrecht das Kind in eine Namensänderung durch die Eltern regelmäßig ab Vollendung des fünften Lebens-

---

118 Das deutet auch das BVerfG 30.1.2002, BVerfGE 104, 373 = StAZ 2002, 72 = FamRZ 2002, 306 (310) an, wonach der Name dem Kind verhelfe, „eine Identität zu finden und Individualität zu entwickeln. Namenlos kann das Kind nur schwerlich eigene Persönlichkeit entfalten und eine Beziehung zu anderen aufbauen. Vom Persönlichkeitsrecht des Kindes umfasst ist deshalb auch das Recht auf Namenserhalt als wesentliche Voraussetzung für die Entwicklung seiner Persönlichkeit. Dies betrifft den Vornamen wie den Familiennamen. Sieht die Rechtsordnung die Familiennamensführung vor, so ist dieser Name das Mittel, mit Hilfe dessen sich das Kind in ein Verhältnis zu anderen setzen lernt". Vgl. auch *Lettmaier* (Fn. 74) 7, die deshalb rechtspolitisch eine Namenswahlfreiheit ablehnt, was meines Erachtens zu weit geht, wenn man – wie hier vorgeschlagen – diese unter einen Kindeswohlvorbehalt stellt.
119 Anders *Schwenzer* (Fn. 43) 396, die sich für unterschiedliche Namen von Geschwistern „durchaus anerkennenswerte Motive" vorstellen kann.
120 Siehe die Zusammenstellung bei *Hepting/Dutta* (Fn. 6) Rn. V-431 ff. und Rn. V-581 ff.
121 *Coester* (Fn. 43) 302.

jahres ein.[122] Diese formelle Einbeziehung garantiert aber nicht die Kindeswohl-gemäßheit der Namensänderung, solange der Inhaber der elterlichen Sorge das Kind vertritt oder das meist ab Vollendung seines 14. Lebensjahres selbständig entscheidende Kind sich kaum gegen den Namensänderungswunsch der Eltern stellen wird. Eine Namenswahlfreiheit der Eltern mit Kindeswohlvorbehalt würde das namensrechtliche Kindeswohl sehr viel besser verwirklichen als die sche-matischen Namenswechselnormen der lex lata.[123]

Natürlich müssten bei der Namenswahlfreiheit der Eltern für ihr Kind auch eine ganze Reihe weiterer Fragen geregelt werden: Welchen Namen erhält das Kind, wenn die Eltern sich nicht einigen? Hier könnte der Gesetzgeber ohne Weiteres auf die Regeln zurückgreifen, die zum Zuge kommen, wenn die Eltern bei der Ausübung der elterlichen Sorge uneinig sind, bei uns also allgemein auf § 1628 BGB oder speziell auf den derzeitigen § 1617 Abs. 2 und 3 BGB.[124] Muss eine Per-son, deren Name von einer Wahl des Familiennamens des Kindes betroffen ist, weil dieser geändert oder gewählt wird, der Namenswahl zustimmen? Diese Frage ist grundsätzlich zu bejahen,[125] jedenfalls für einen nicht sorgeberechtigten El-ternteil oder einen Stiefelternteil. Ab welchem Alter muss das Kind bei der Na-mensbestimmung einbezogen werden oder kann ohne Zustimmung der Eltern seinen Namen wählen? Richtigerweise sollte ein Minderjähriger ab Vollendung des 16. Lebensjahrs über seinen Namen allein und ab Vollendung des 14. Le-bensjahrs mit Zustimmung seines gesetzlichen Vertreters (vgl. etwa § 45a Abs. 2 PStG) entscheiden dürfen,[126] wobei auch hier – nach dem im vorigen Absatz Gesagten – ein Kindeswohlvorbehalt gelten sollte.

Ein voraussetzungsloses Namensänderungsrecht würde im Übrigen dazu führen, dass der Namensträger sein namensrechtliches Wohl stets aktualisieren

---

122 Etwa in den Fällen des § 1617a Abs. 2 S. 2 Fall 2, § 1617b Abs. 1 S. 3 und Abs. 2 S. 1, § 1617c Abs. 1 S. 1 und Abs. 2, § 1618 S. 3 Fall 2, § 1757 Abs. 2 S. 2 und Abs. 3 S. 2 BGB. Vgl. aber auch § 4 NamÄndG, der automatisch und ohne Einwilligung der Kinder die öffentlichrechtliche Na-mensänderung auf Kinder des Namensträgers erstreckt, wenn die Kinder bislang den Namen des Namensträgers getragen haben und für die Kinder die elterliche Sorge des Namensträgers besteht. Die Verwaltungspraxis der Namensänderungsbehörden macht allerdings, soweit ersichtlich, überwiegend von dem in § 4 NamÄndG vorgesehenen Vorbehalt Gebrauch und schließt eine Erstreckung der Namensänderung auf die Kinder aus; näher hierzu *Hepting/Dutta* (Fn. 6) Rn. V-906 f.
123 Zu Recht spricht *Hilbig-Lugani* (Fn. 20) § 1617a BGB Rn. 22 von einer „Erosion der Namens-stabilität" im Kindesnamensrecht, nach der „eher die Anpassung des Familiennamens an die wechselnden Lebensverhältnisse als Grundsatz erscheint".
124 Vgl. auch die Eckpunkte zur Reform des Namensrechts (Fn. 2) S. 5 unter III. 3.
125 So auch die Eckpunkte zur Reform des Namensrechts (Fn. 2) S. 7 unter III. 5.
126 Siehe auch die Eckpunkte zur Reform des Namensrechts (Fn. 2) S. 6 unter III. 4 b.

kann. Insbesondere könnte der Namensträger Entscheidungen seiner Eltern zur Namenswahl revidieren. Das betrifft speziell auch den Vornamen,[127] über dessen Wahl – wie Studien zeigen[128] – oftmals ästhetische Präferenzen der Eltern entscheiden. Die Ästhetik des Vornamens hängt damit nicht nur von Moden ab, die sich ändern, sondern liegt bereits allgemein im Auge des Betrachters. Ob die Namensträger die ästhetischen Präferenzen der Eltern teilen, sollten sie ab Vollendung des 16. Lebensjahrs selbst entscheiden können.

b) Schutz seltener Familiennamen

Im Rahmen einer zweiten Schranke der Namenswahlfreiheit könnte der Gesetzgeber auch über einen Schutz seltener Familiennamen nachdenken.[129] Ähnlich wie im dänischen und schwedischen Recht – die bereits heute eine freie Namenswahl des Namensträgers zulassen[130] – könnte der Gesetzgeber vorsehen, dass nur Namen wählbar sind, die eine bestimmte Verbreitung besitzen, die etwa, wie in Dänemark und Schweden, mindestens 2.000 Menschen rechtmäßig führen.[131]

Eine solche Grenze der Namenswahlfreiheit würde ein subjektives Klassifizierungsempfinden der Träger seltener Namen schützen, die nach außen sichtbar alleine der betreffenden generationenübergreifenden Gruppe angehören wollen.[132] Ob die Interessen dieser Namensträger schützenswert sind, steht auf einem anderen Blatt. Ein Staat, der wie die Bundesrepublik in Art. 3 Abs. 3 S. 1 GG eine Benachteiligung oder Bevorzugung wegen der „Herkunft" verbietet, worunter die „ständisch-soziale Abstammung und Verwurzelung" zu verstehen ist,[133] sollte keine Rücksicht auf dynastische Befindlichkeiten einzelner Namensträger nehmen. Vor Eingriffen in das subjektive Namensrecht schützt § 12 BGB ausreichend. Hinzu kommen zahlreiche weitere Schwierigkeiten, die mit einem solchen Raritätenschutz verbunden wären, neben der statistischen Erhebung der Verbreitung bestimmter Namen insbesondere zwangsläufig willkürliche Grenzziehungen

---

127 *Grünberger* (Fn. 108) 338.
128 Siehe etwa *Frauke Rüdenbusch* Motive der Vornamenswahl, StAZ 2014, 323.
129 Angedacht auch von *Blankenagel* (Fn. 108) 962 (Schutz von Familiennamen in „überschaubaren Gruppen").
130 Siehe im Hinblick auf den Nachnamen §§ 1 ff. des dänischen Navneloven; §§ 13 ff. des schwedischen Lag om personnamn.
131 § 3 Abs. 1 des dänischen Navneloven; § 16 Abs. 3 des schwedischen Lag om personnamn.
132 In diese Richtung etwa *von Hein* (Fn. 94) 521.
133 BVerfG 25.5.1956, BVerfGE 5, 17 = FamRZ 1956, 217 (218).

durch den Gesetzgeber: Ab welcher Anzahl von Namensträgern ist ein Familienname nicht mehr selten? Wie sind neu gebildete Namen zu behandeln, die bisher noch überhaupt nicht verbreitet sind? Weshalb soll der Gesetzgeber einen Namen, der wie „Dutta" in Deutschland recht selten ist, vor einer Namenswahl durch Dritte schützen, wenn dieser Name in Indien und konkret in Westbengalen sehr verbreitet ist?

c) Länge des Namens

Auch im Hinblick auf die Länge des Namens sollte man der Namenswahlfreiheit keine Grenzen setzen, jedenfalls solange eine staatliche Registrierung oder Beurkundung nicht an die Grenzen stößt und zwingende Ordnungsinteressen des Staates gewahrt sind (vgl. bereits oben III. 2.). Ohnehin hat der Gerichtshof der Europäischen Union in seiner namensrechtlichen Rechtsprechung (oben IV. 5.) festgehalten, dass die Mitgliedstaaten die Anerkennung eines in einem anderen Mitgliedstaat erworbenen zusammengesetzten oder langen Namens nicht unter Verweis auf praktische Gründe oder auf Erwägungen der Verwaltungsvereinfachung verweigern dürfen.[134] Wenn man das Namensrecht bereits rechtspolitisch vom Kopf auf die Füße stellt und die Namenswahlfreiheit in das Zentrum rückt, dann sollte diese Freiheit einheitlichen Grenzen unterliegen und nicht außerhalb des unionsrechtlichen Anerkennungsgebots enger gefasst sein.

d) Öffentliche Ordnung

Jedenfalls wird die öffentliche Ordnung die Namenswahlfreiheit begrenzen müssen,[135] wie etwa derzeit der ordre-public-Vorbehalt beim Namenswahlrecht nach Art. 48 EGBGB. Der Staat sollte nicht verpflichtet sein, sittenwidrige oder anstößige Namen in seine Personenstandsregister einzutragen.[136] Auch der Gerichtshof der Europäischen Union hat den ordre public der Mitgliedstaaten als Grenze des namensrechtlichen Anerkennungsgebots (oben IV. 5.) mehrfach an-

---

134 EuGH 14.10.2008, Rs. C-353/06 (Stefan Grunkin und Dorothee Regina Paul) Slg. 2008, I-7639 = StAZ 2009, 9 = FamRZ 2008, 2089, Rn. 36; EuGH 2.6.2016, Rs. C-438/14 (Nabiel Peter Bogendorff von Wolffersdorff gegen Standesamt der Stadt Karlsruhe und Zentraler Juristischer Dienst der Stadt Karlsruhe) StAZ 2016, 203 = FamRZ 2016, 1239, Rn. 60.
135 Vgl. auch die Eckpunkte zur Reform des Namensrechts (Fn. 2) S. 7 unter III. 6.
136 Vgl. auch die Eckpunkte zur Reform des Namensrechts (Fn. 2) S. 7 unter III. 6.

erkannt.[137] Zur öffentlichen Ordnung wird man auch zählen müssen, dass der gewählte Name eine *Namensqualität* besitzt,[138] was man – jedenfalls derzeit – bei Zahlen und Symbolen verneinen müsste. Insoweit erfüllt der Name eine „Kommunikationsfunktion im Alltag", indem er „den Einzelnen ansprech- und beschreibbar" macht.[139] Auch die *Grundstrukturen* des Namens, die heute in Deutschland mindestens aus einem Vor- und Familiennamen bestehen,[140] wird man zur öffentlichen Ordnung zu zählen haben.[141] Selbstverständlich würde sich nach einer Einführung einer Namenswahlfreiheit die öffentliche Ordnung – die wie das Kindeswohl (oben V. 2. a) dynamisch ist – langfristig an die namensbezogenen Sitten und Gebräuche anpassen.

Allerdings sollte die Wahl eines Namens mit so genannten „*Scheinadelstiteln*" nicht gegen die öffentliche Ordnung verstoßen. „Scheinadlige" haben in den vergangenen Jahren immer wieder die Gerichte – bis zum Bundesgerichtshof [142] und zum Gerichtshof der Europäischen Union[143] – mit namensrechtlichen Fragen beschäftigt. Vor allem ging es hier um die Frage, ob Namen, die in anderen Mitgliedstaaten um ehemalige Adelsbezeichnungen angereichert wurden, im Rahmen der bereits skizzierten Rechtsprechung zum unionsrechtlichen Anerkennungsgebot (oben IV. 5.) anzuerkennen sind und nach Art. 48 EGBGB gewählt werden können. Freilich gibt es die Kategorie der „Scheinadligen" rechtlich – anders etwa als den Scheinkaufmann – eigentlich gar nicht.[144] Nach Art. 109

---

137 EuGH 22.12.2010, Rs. C-208/09 (Ilonka Sayn-Wittgenstein gegen Landeshauptmann von Wien) Slg. 2010, I-13693 = StAZ 2011, 77 = FamRZ 2011, 1486; EuGH 2.6.2016, Rs. C-438/14 (Nabiel Peter Bogendorff von Wolffersdorff gegen Standesamt der Stadt Karlsruhe und Zentraler Juristischer Dienst der Stadt Karlsruhe) StAZ 2016, 203 = FamRZ 2016, 1239.

138 Vgl. auch die Eckpunkte zur Reform des Namensrechts (Fn. 2) S. 7 unter III. 6.

139 Zu Recht *Lettmaier* (Fn. 74) 7, deren Folgerung, deshalb eine Namenswahlfreiheit zu verweigern, aber auch insoweit (vgl. bereits oben Fn. 118) meines Erachtens überzogen ist.

140 Vgl. auch BGH 19.2.2014, StAZ 2014, 139 = FamRZ 2014, 741 (743): „Der nach deutschem Recht gebildete bürgerliche Name einer natürlichen Person enthält zwingend einen Namensteil, der mit der Übertragbarkeit auf den Ehegatten und die Kinder auch die Aufgabe des Familiennamens erfüllen kann und einen anderen Namensteil, der als Vorname die Mitglieder einer Familie und allgemein die Träger des gleichen Familiennamens voneinander unterscheidbar macht", wobei ein Vatersname nach Ansicht des BGH unschädlich ist.

141 Auch bisher wurde losgelöst von Art. 47 EGBGB bei einem Statutenwechsel zum deutschen Recht ein vor dem Wechsel nach ausländischem Recht erworbener Name auch ohne Angleichungserklärung des Namensträgers angeglichen, ausführlich *Dennis Solomon* Objektive Angleichung nach Eingangsstatutenwechsel, StAZ 2018, 265.

142 BGH 14.11.2018, StAZ 2019, 77 = FamRZ 2019, 218.

143 Nachweise oben in Fn. 134.

144 *Martin Otto* „Scheinadliger" Namenserwerb durch „deed poll" und der deutsche ordre public, StAZ 2016, 225 (229 ff.).

Abs. 3 der Weimarer Reichsverfassung[145] (WRV) sowie nach Art. 3 Abs. 1 GG (allgemeiner Gleichheitssatz, der standesrechtliche Unterscheidungen untersagt) und Art. 20 Abs. 1, 2, Art. 28 Abs. 1 S. 1 GG (Ablehnung der Monarchie, deren Wesenselement gerade Privilegien einzelner Personen aufgrund einer Familienzugehörigkeit sind) kennt das deutsche Recht keinen Adel mehr und damit auch keinen Scheinadel. Bei einer Reform des Namensrechts durch einen republikanischen Gesetzgeber dürften Adelsbezeichnungen daher namensrechtlich keine Exklusivität mehr genießen, um eine echte Gleichstellung im Namensrecht zu erreichen und Adelsbezeichnungen keinen Verwässerungsschutz zu gewähren, anders als das bisher der Fall war. Zwar hat Art. 109 Abs. 3 WRV Adelsprivilegien abgeschafft. Allerdings wurden die bestehenden Adelsbezeichnungen in Namensbestandteile umgewandelt und konnten über das dynastisch geprägte bürgerliche Namensrecht weitergegeben werden, weitgehend in den Bahnen der vorher für die Weitergabe dieser Prädikate geltenden Regeln.[146] Das Reichsgericht hatte im Jahr 1926 sogar klargestellt, dass Adelsbezeichnungen an den jeweiligen Namensträger geschlechtsspezifisch angepasst und gebeugt werden,[147] wobei der Bundesgerichtshof kürzlich auf Distanz zu dieser Praxis gegangen ist, die „den Eindruck einer Reminiszenz an früheres Adelsrecht entstehen [lässt] und deshalb dem eigentlich erwünschten gesellschaftlichen Bedeutungswandel bezüglich der Adelsbezeichnungen nicht förderlich [ist]".[148] Eine namensrechtliche Abschaffung des Adels wäre erst vollendet, wenn dessen ehemalige Bezeichnungen nicht mehr exklusiv sind und namensrechtlich das Motto „Adel für jedermann" gilt.[149] Zwar hat der Bundesgerichtshof für das geltende Namensrecht zu Recht darauf hingewiesen, dass die Möglichkeit, eine ehemalige Adelsbezeichnung nach Art. 48 EGBGB zu wählen, „kein[en] messbare[n] Einfluss auf den gesellschaftlichen Bedeutungswandel in Bezug auf Adelsbezeichnungen [...] erwarten" lässt, da nur wenigen Personen dieser Weg offenstehen würde.[150] Diese Überlegung greift jedoch nicht mehr, wenn die Namenswahlfreiheit zum Grundprinzip des deutschen Namensrechts würde.

---

145 Verfassung des Deutschen Reiches vom 11.8.1919, RGBl. 1919, S. 1383.
146 Siehe aber auch *Baring* Der Adel und sein Name im neuen Recht, FischersZ 51 (1920) 225 (256), der infolge der Anwendung des bürgerlichrechtlichen Namensrechts auf ehemalige Adelsbezeichnungen konstatiert: „Überall Scheinadel!".
147 RG 10.3.1926, RGZ 113, 107.
148 BGH 14.11.2018, StAZ 2019, 77 = FamRZ 2019, 218, Rn. 34.
149 *Dutta* (Fn. 101) 1218 f.; gegen eine ordre-public-Widrigkeit von frei gewählten Adelsbezeichnungen auch *Otto* (Fn. 144) 229 ff.; *ders.* Von deutscher Namensrepublik. Neues zum Erwerb eines Adelsprädikates durch englische „deed poll", StAZ 2019, 71.
150 BGH 14.11.2018, StAZ 2019, 77 = FamRZ 2019, 218, Rn. 34.

3 Oder doch: Keine umfassende Namenswahlfreiheit mit Grenzen, sondern eine beschränkte Namenswahlfreiheit aus anerkennenswerten Gründen?

Mir ist durchaus bewusst, dass eine umfassende Namenswahlfreiheit des Einzelnen als Ausgangspunkt einer gesetzlichen Regelung ein Schritt sein könnte, der politisch zu groß ist, wenn man bedenkt, wo sich das deutsche Namensrecht derzeit befindet. Deshalb darf man – und das haben auch die Diskussionen in der Arbeitsgruppe des Bundesinnenministeriums und des Bundesjustizministeriums zur Reform des Namensrechts gezeigt – für jeden kleinen Schritt in die richtige Richtung dankbar sein. So könnte man – ähnlich wie das schweizerische Zivilgesetzbuch in Art. 30 Abs. 1, der eine Namensänderung aus „achtenswerten Gründen" gestattet – die Namenswahlfreiheit auf anerkennenswerte Gründe reduzieren, also nicht negativ beschränken (alles ist erlaubt, was nicht verboten ist), sondern positiv definieren (alles ist verboten, was nicht erlaubt ist). Diesem Weg folgt im Grundsatz auch das Eckpunktepapier des Bundesinnenministeriums und des Bundesjustizministeriums.[151]

Allerdings ist eine solche Herangehensweise nicht ohne Schwierigkeiten, wie stets, wenn das Recht den Umfang der menschlichen Freiheit positiv für Fälle definieren will, in denen eine Ausübung der Freiheit dem Gesetzgeber sinnvoll erscheint. Unter welchen Voraussetzungen sollte eine Namensänderung zulässig sein? Nur bei einer Statusänderung (Eheschließung, Beendigung der Ehe, Vaterschaftsanfechtung, Vaterschaftsfeststellung etc.), nur bei der Änderung des Familiennamens einer Person, von der die Person ihren Namen ableitet, nur bei einer Änderung der sozial-familiären Beziehungen des Namensträgers, nur bei einer drohenden Beeinträchtigung des Wohls des Namensträgers durch anstößige oder negativ besetzte Namen, nur zur Namensintegration und zur Beseitigung einer hinkenden Namensführung? Soll man die freie Namenswahl als einen „Freischuss" ausgestalten, als ein Recht, das in einem bestimmten Zeitraum nur einmal ausgeübt werden darf, etwa alle zehn Jahre? Jeder dieser positiven Voraussetzungen für eine Namenswahlfreiheit – die im Wesentlichen aus dem Eckpunktepapier des Bundesinnenministeriums und des Bundesjustizministeriums stammen[152] – wohnt etwas Willkürliches inne. Es wird einerseits immer Fälle geben, in denen eine Namenswahl aus Sicht der Selbstdarstellungsfunktion (oben V. 1.) legitim wäre, aber von den gesetzlichen Fallgruppen nicht erfasst sein wird. Andererseits sollte man Eltern im Einzelfall eine Namensänderung des Kindes aus

---

151 Eckpunkte zur Reform des Namensrechts (Fn. 2) S. 5 f. unter III. 4.
152 Eckpunkte zur Reform des Namensrechts (Fn. 2) S. 5 f. unter III. 4.

Kindeswohlgründen verweigern können (vgl. zur Bedeutung der Namensstabilität für das Kindeswohl oben V. 2. a), wo starre Fallgruppen eine Namensänderung für das Kind ohne Weiteres zulassen würden.

Vielleicht findet sich deshalb doch der Mut zu einer im Grundsatz umfassenden Namenswahlfreiheit, die übrigens rechtsvergleichend keine Ausnahmeerscheinung mehr wäre, und zwar auch jenseits des common law, das bereits traditionell mit dem deed-poll-Verfahren eine freie Namensänderung ermöglicht (vgl. bereits oben IV. 5). Schweden und Dänemark, die beide eine grundsätzlich freie Namenswahl zulassen, wurden bereits erwähnt (oben V. 2. b). Eine ähnliche Namenswahlfreiheit besteht seit einigen Jahren auch in Slowenien,[153] im Kosovo,[154] in Kroatien,[155] Nordmazedonien[156] und in der Ukraine[157]. Auch unser Nachbarland Österreich hat vor einigen Jahren sein Namensrecht erheblich liberalisiert, konkret die Vorschriften zur Namensänderung, die jedem Bürger die Wahl eines „Wunschnamens" gestatten.[158] Verhaltenssteuernd wirken hier allein die Verwaltungsgebühren: Wer einen wichtigen Grund vorträgt, kann seinen Namen weitgehend gebührenlos ändern, die grundlose Namensänderung ist dagegen mit einer „Bewilligungsgebühr" von derzeit 545,60 Euro verbunden. Die bisherigen Erfahrungen gerade in Österreich zeigen, dass ein Mehr an Freiheit im Namensrecht weder zu täglichen und unkontrollierten Namenswechseln der Bürger führt noch die Standesämter oder Gerichte vor unlösbare Fragen stellt.[159] Die Bürger werden nicht leichtfertig von der Namenswahlfreiheit Gebrauch machen. Vor 45 Jahren wies bereits Alexander Blankenagel zu Recht darauf hin, dass jede „Namensänderung [...], wie nicht vergessen werden sollte, für den ‚Änderer' ein großes soziales Risiko" birgt.[160] Womöglich führt eine Namenswahlfreiheit sogar zu weniger Namensänderungen (oben V. 1. und V. 2. a).

---

153 § 18 des Zakon o osebnem imenu.
154 Art. 10 ff. des Ligji për emrin personal.
155 Art. 6 ff. des Zakon o osobnom imenu.
156 Art. 5 ff. des Zakon za lichnoto ime.
157 Art. 295 des Tsyvil'nyy kodeks.
158 § 2 Abs. 1 Nr. 11 (gegebenenfalls in Verbindung mit § 2 Abs. 2) des österreichischen Namensänderungsgesetzes, wonach eine Namensänderung möglich ist, sofern der Antragsteller diese „aus sonstigen Gründen [...] wünscht".
159 Siehe *Konstanze Winkler* Die Namensänderung in Österreich – Erfahrungen aus der Praxis nach der Liberalisierung des Namensrechts, FamRZ 2020, 570; zur Reform des österreichischen Namensrechts siehe auch *Susanne Ferrari/Alexandra Richter* Das österreichische Kindschafts- und Namensrechts-Änderungsgesetz 2013, FamRZ 2013, 1457.
160 *Blankenagel* (Fn. 108) 962.

4 Standort eines liberalisierten Namensrechts und zuständige Behörden

Abschließend stellt sich noch die eher rechtsästhetische Frage nach dem Standort eines liberalisierten Namensrechts. Richtigerweise sollte das Namensrecht – wie auch das Eckpunktepapier des Bundesinnenministeriums und des Bundesjustizministeriums vorschlägt[161] – in das allgemeine Personenrecht integriert werden, also in den Allgemeinen Teil des Bürgerlichen Gesetzbuchs. Hier sind nicht nur einige Paragraphenstellen frei, konkret die §§ 3–6 BGB oder die §§ 15–20 BGB. Auch gehört hier der Name systematisch hin, neben die Rechtsfähigkeit und künftig womöglich das Geschlecht des Menschen.[162] Dieser Platz liegt umso mehr nahe, wenn man, wie hier vorgeschlagen, den Namen vom familienrechtlichen Status des Menschen und damit von seiner traditionellen Klassifizierungsfunktion löst und die Selbstdarstellungsfunktion als Teil der menschlichen Persönlichkeit in den Mittelpunkt des rechtlichen Namens rückt.

Die Verortung des Namensrechts allein im Bürgerlichen Gesetzbuch und dort im Allgemeinen Teil wäre ein Vorteil einer Namenswahlfreiheit, die das bestehende Namensrecht sicherlich übersichtlicher gestalten würde. Auch würde eine Namenswahlfreiheit die bisher gespaltenen Zuständigkeiten für das Namenswesen überflüssig machen: Das Bedürfnis für das Institut der öffentlichrechtlichen Namensänderung – die Grenzen zwischen öffentlichrechtlicher Namensänderung und bürgerlichrechtlichem Namenserwerb hat der Gesetzgeber ohnehin in den vergangenen Jahrzehnten verwischt[163] – würde entfallen[164] und der Gesetzgeber könnte das Namensrecht bundeseinheitlich den Standesbeamten anvertrauen.[165]

---

161 Eckpunkte zur Reform des Namensrechts (Fn. 2) S. 5 unter III. 1.

162 Referentenentwurf des Bundesjustizministeriums und des Bundesinnenministeriums zur Neuregelung der Änderung des Geschlechtseintrags vom 8.5.2019.

163 So bereits *Benedikt von Schorlemer* Die zivilrechtlichen Möglichkeiten der Namensänderung (1998) S. 161; so auch aus rechtsvergleichender Perspektive das Fazit von *Hepting* Entwicklung des Namensrechts im internationalen Vergleich, StAZ 2012, 257 (262).

164 So auch die Eckpunkte zur Reform des Namensrechts (Fn. 2) S. 5 unter III. 4.

165 So auch die Eckpunkte zur Reform des Namensrechts (Fn. 2) S. 5 unter III. 2 und S. 8 unter III. 10. Vgl. bereits *Sturm* (Fn. 3) 619; auch *Bornhofen* (Fn. 17) 230, forderte vom Gesetzgeber „eine konzertierte Aktion, die ein für beide Bereiche [gemeint ist das bürgerlichrechtliche Namensrecht und das öffentlichrechtliche Namensänderungsrecht, d. Verf.] einheitliches Regelwerk zum Ziel haben sollte", die „der richtige Weg aus dem derzeitigen Namensdschungel" wäre.

VI Deregulierung statt Liberalisierung: Keine Regelung der Namensbestimmung als Alternative?

Abschließend sei die ketzerische Frage gestattet, ob sich der Staat nicht vollkommen aus der Regulierung der Namensbestimmung zurückziehen sollte, wie das in der Geschichte des Personenrechts überwiegend der Fall war. Der Personenname war auch bei uns lange Zeit ein außerrechtliches Phänomen, geprägt vor allem von Sitte und Brauchtum.[166] Noch im Band 45 des Archivs für die civilistische Praxis schreibt im Jahr 1862 ein Privatdozent aus Jena unter der Abschnittsüberschrift „Oeffentlich-rechtliches Interesse am Namenswesen": „Die allgemeine Ansicht der das Namensrecht berührenden Schriftsteller geht, mit einer Ausnahme [...], dahin: der Name und zwar Vor- wie Geschlechtsname sei durch und durch Privatsache; der Staat habe nicht das geringste Interesse am Namenswesen an sich; er überlasse daher Jedem Auswahl, Gebrauch oder Nichtgebrauch seines Namens, gebe dem Einzelnen volle Willkühr, den irgendwie erlangten Namen zu führen, denselben abzuändern oder mit irgend einem andern Namen zu vertauschen".[167]

Bei näherem Hinsehen ist die Frage nach dem Ob einer Regelung des Personennamens durchaus berechtigt, da das staatliche *Regulierungspotential* im Namensrecht nicht besonders groß ist. Zunächst zwingt das Recht – auch wenn es den Namen bestimmt – den Namensträger grundsätzlich nicht, in der Gesellschaft den rechtlichen Namen zu führen. Anders als bei der Firma, die der Kaufmann führen muss (oben V. 1.), steht es jedem Bürger frei, Pseudonyme zu verwenden[168] – ein Recht, von dem viele vor allem bei Aktivitäten im Internet Gebrauch machen, aber auch im gesellschaftlichen Verkehr, wenn sie Ruf-, Spitz-, Kurz- oder Künstlernamen verwenden. Dies gilt sogar für die Namensführung in der Ehe. Die meisten romanischen Rechtsordnungen, die keinen gemeinsamen Ehenamen kennen, geben den Ehegatten das Recht, den Namen des anderen Ehegatten neben ihrem rechtlichen Namen zu gebrauchen.[169] Aber selbst bei uns müssen Ehegatten einen von ihnen rechtlich bestimmten Ehenamen entgegen der

---

166 Vom „langen Weg des Namens zum Recht" spricht etwa *Schwab* (Fn. 36).
167 *Robert Hermann* Über das Recht der Namensführung und der Namensänderung, AcP 45 (1862) 153 (160 f.), der allerdings in seinem Beitrag die Gegenthese zu begründen versucht.
168 So bereits *Opet* (Fn. 40) 324 ff.
169 Näher etwa *Walter Pintens* Die Anwendung des belgischen, französischen und niederländischen Namensrechtsrechts durch den deutschen Standesbeamten, StAZ 1984, 188 (189 f.); *ders.* Der Personenname in der romanischen Rechtsfamilie, StAZ 2016, 65 (71 f.).

missverständlichen Formulierung in § 1355 Abs. 1 S. 2 BGB („Die Ehegatten führen den von ihnen bestimmten Ehenamen") nicht mit der Folge führen, dass bei Nichtverwendung des Ehenamens der eine Ehegatte den anderen auf Herstellung der ehelichen Lebensgemeinschaft in Anspruch nehmen kann.[170] Auch die Rechtsgeschäftslehre des bürgerlichen Rechts vermag ein „Handeln unter falschem Namen" adäquat zu bewältigen. Es ist anerkannt, dass beispielsweise beim Vertragsschluss die handelnde Person Vertragspartei wird, solange die Verwendung des – rechtlich – falschen Namens „bei der anderen Vertragspartei keine Fehlvorstellung über die Identität des Handelnden hervor[...]ruf[t] [...], diese den Vertrag also nur mit dem Handelnden schließen will".[171] Es wird mithin niemand gezwungen, seinen rechtlichen Namen in der Gesellschaft zu führen.

In welchen Situationen aber ist der rechtliche Name ausnahmsweise zu führen? Denn schließlich erfasst der Staat die rechtlichen Namen seiner Bürger personenstandsrechtlich, und zwar weitgehend lückenlos, selbst bei Fällen mit Auslandsbezug, vgl. §§ 34 ff. PStG: Der rechtliche Name ist Teil des Personenstands, wie ausdrücklich § 1 Abs. 1 S. 1 PStG klarstellt, wonach der Personenstand „die sich aus den Merkmalen des Familienrechts ergebende Stellung einer Person innerhalb der Rechtsordnung einschließlich ihres Namens" umfasst. Auch die Meldebehörden speichern – nach Mitteilung durch die Standesämter gemäß § 17 Abs. 4 des Bundesmeldegesetzes[172] (BMG) – den rechtlichen Namen der Bürger, einschließlich früherer Namen, im Melderegister (§ 3 Abs. 1 Nr. 1–3 BMG), um diese Daten anderen öffentlichen Stellen zur Verfügung zu stellen. Der rechtliche Name wird daher auch von den Behörden verwendet, wenn sie amtliche Dokumente – allen voran Ausweisdokumente – ausstellen. Im Verkehr mit Behörden und Amtsträgern ist stets der rechtliche Name zu verwenden, wie in erster Linie das Ordnungswidrigkeitenrecht sicherstellt: Nach § 111 Abs. 1 des Gesetzes über Ordnungswidrigkeiten[173] (OWiG) handelt der Namensträger ordnungswidrig, wenn dieser „einer zuständigen Behörde, einem zuständigen Amtsträger oder einem zuständigen Soldaten der Bundeswehr über seinen Vor-, Familien- oder Geburtsnamen [...] eine unrichtige Angabe macht oder die Angabe verweigert". Es besteht sogar eine fahrlässige Ordnungswidrigkeit, vgl. § 111 Abs. 2 OWiG. Auch

---

170 So etwa bereits zutreffend *Bernhard Raschauer* Namensrecht (1978) S. 249; für ein wechselseitiges und gerichtlich im Wege des positiven Herstellungsantrags durchsetzbares Recht der Ehegatten, vom jeweils anderen Ehegatten die Führung des Ehenamens zu verlangen, aber etwa *Brudermüller* in: Palandt, Bürgerliches Gesetzbuch, 79. Aufl. 2020, vor § 1353 BGB Rn. 13.
171 Siehe etwa BGH 8.12.2005, NJW-RR 2006, 701 (702).
172 Vom 3.5.2013, BGBl. 2013 I S. 1084.
173 In der Fassung der Bekanntmachung vom 19.2.1987, BGBl. 1987 I S. 602.

Amtsträger sind verpflichtet, ihren rechtlichen Namen zu führen.[174] Rechtlich nicht über alle Zweifeln erhaben war deshalb die Praxis des ehemaligen Bundespräsident *Richard Karl Freiherr von Weizsäcker*, von ihm nach Art. 82 Abs. 1 S. 1 GG ausgefertigte Gesetze mit dem verkürzten Familiennamen „Weizsäcker" zu unterzeichnen.[175] Auch im Privatrechtsverkehr verpflichtet das Recht die Bürger ausnahmsweise zur Verwendung ihres rechtlichen Namens, den sie mit amtlichen Ausweisdokumenten nachweisen müssen. Das Geldwäschegesetz[176] (GwG) z. B. verpflichtet in § 11 Abs. 4 Nr. 1 lit. a GwG neben anderen Personen und Institutionen Kredit- und Finanzinstitute, aber auch Rechtsanwälte und Notare bei bestimmten Transaktionen vor Begründung der Geschäftsbeziehung oder Durchführung der Transaktion (so der Grundsatz nach § 11 Abs. 1 S. 1 GwG) den rechtlichen Namen eines Vertragspartners – das Gesetz spricht vom Vor- und Nachnamen – zu erheben, soweit es sich beim Vertragspartner um eine natürliche Person handelt. Mit diesen Pflichten zur Namensführung möchte der Staat die Individualisierungsfunktion des Namens (oben III. 1.) nutzen. Da der rechtliche Name als Individualisierungsmittel aber, wie gesehen (oben III. 1.), nur bedingt tauglich ist, kann der Staat auch mit Namensführungspflichten nur eingeschränkt eine Individualisierung sicherstellen. Eine Individualisierung seiner Bürger würde der Staat daher allein über die Pflicht zur Führung einer einmalig vergebenen Identifikationsnummer sicherstellen.

Trotz dieses fehlenden Regulierungspotentials und eingeschränkten Regulierungswecks kann sich das Recht aus dem Namenswesen nicht zurückziehen, jedenfalls nicht im Alleingang. Solange andere Staaten den Namen als Individualisierungsmittel nutzen, muss der Staat jedenfalls im grenzüberschreitenden Personenverkehr Ausweisdokumente mit Namen ausstellen. Innerhalb der Europäischen Union muss jeder Mitgliedstaat etwa in seinen Reisepässen für seine Bürger den Namen angeben. Diese Vorgabe folgt aus den Standards der International Civil Aviation Organisation (ICAO), welche die Europäische Union für die

---

174 Für Notare etwa OLG Köln 1. 2. 1977, FamRZ 1978, 680 (681).

175 Worauf – freilich mit etwas zu viel Emphase (vgl. auch die Rezension von *Wacke* FamRZ 1999, 977 und von *Hepting* StAZ 1998, 354) – *Sebastian-Johannes von Spoenla-Metternich* Namenserwerb, Namensführung und Namensänderung unter Berücksichtigung von Namensbestandteilen (1997) S. 130, hingewiesen hat, wonach der damalige Bundespräsident auf diese Weise suggeriert habe, dass die ehemalige Adelsbezeichnung „Freiherr von" kein rechtlicher Namensbestandteil sei, sondern ein Titel, den man führen kann, aber nicht führen muss, anders als den Namen im amtlichen Verkehr.

176 Gesetz über das Aufspüren von Gewinnen aus schweren Straftaten vom 23. 6. 2017, BGBl. 2017 I S 1822.

Gestaltung der mitgliedstaatlichen Reisepässe kraft einer Verordnung[177] ver-
bindlich gemacht hat.[178] Sobald der Staat allerdings den Namen als ein künstli-
ches Merkmal des jeweiligen Bürgers erfasst, kann es sich nur um einen rechtlichen – weil jedenfalls für diese Erfassung verbindlichen – Namen handeln und es
bedarf Regeln zur Namensbestimmung (und sei es auch nur die Regel, dass der
Bürger seinen Namen frei wählen kann).

Jedoch kann die Tatsache, dass keine allgemeine Namensführungspflicht
besteht, nicht gegen eine Liberalisierung des Namensrechts (oben V.) ins Feld
geführt werden.[179] Zwar haben das Bundesverfassungsgericht und der Straßbur-
ger Gerichtshof in der Vergangenheit bei der grund- und menschenrechtlichen
Prüfung namensrechtlicher Regelungen auf das eben geschilderte geringe Rege-
lungspotential hingewiesen, die Einschränkungen der Namenswahlfreiheit
weniger drastisch erscheinen lassen.[180] Allerdings hat sich auch in der verfas-

---

177 Verordnung (EG) Nr. 2252/2004 des Rates vom 13.12.2004 über Normen für Sicherheits-
merkmale und biometrische Daten in von den Mitgliedstaaten ausgestellten Pässen und Reise-
dokumenten, ABl. 2004, L 385/1.
178 EuGH 2.10.2014, Rs. C-101/13 (U gegen Stadt Karlsruhe) StAZ 2015, 104, Rn. 26, sowie Rn. 28 ff.
(zum Namensbegriff).
179 Vgl. aber Vorschläge, neben dem rechtlichen Geburtsnamen, der unveränderlich bleibt, die
spätere Namensführung über Gebrauchsnamen der Sitte anheimzustellen, von *Coester* (Fn. 43)
303 f.; *ders.* Das neue Familienrechtsnamensgesetz, FuR 1994, 1 (8); *Schwenzer* (Fn. 43) 395;
Hepting (Fn. 16) 121; *Gaaz* (Fn. 18) 165.
180 So etwa BVerfG 8.3.1988, BVerfGE 78, 38 = StAZ 1988, 164 = FamRZ 1988, 587 (589): „Damit
wird dem allgemeinen Persönlichkeitsrecht des Ehegatten, dessen Name weicht, hinreichend
Rechnung getragen. Formal betrachtet, büßt der ‚weichende' Ehegatte zwar seinen Namen ein.
Den bisherigen Namen darf er – rechtlich gesehen – nur voranstellen. In den praktischen Auswirkungen kommt das aber einer Beifügung des Ehenamens gleich. Im täglichen Umgang kann er
den bisher geführten Namen beibehalten, unter dem er sich einen ‚Namen gemacht' hat. Die
Funktion des Namens, die Individualität seines Trägers auszudrücken, wird daher im wesentlichen gewahrt"; EGMR 6.5.2008, Nr. 33572/02 (Alexandra von Rehlingen and others against
Germany), deutsche Übersetzung abgedruckt in StAZ 2008, 375: „Having regard to the specific
circumstances of the case, the Court notes that the applicant children had been able to use their
compound names within their social sphere and would continue to do so. The fact that the use of
their compound names in everyday life did not create any practical problems does however not, in
the Court's view, contradict the legislator's general decision to restrict the official passing on of
compound names to children in order to avoid disadvantages for future generations"; BVerfG 5.5.
2009, BVerfGE 123, 90 = StAZ 2009, 179 = FamRZ 2009, 939 (942): „Selbst wenn aber die Ehegatten
den Doppelnamen eines Ehegatten zum Ehenamen bestimmen, sodass der bisher vom anderen
Ehegatten geführte Name gemäß § 1355 Abs. 4 S. 2 BGB zum Wegfall kommt und selbst als Begleit-
name nicht mehr rechtliche Anerkennung findet, bleibt es dem betroffenen Ehegatten weiterhin
unbenommen, im Geschäftsverkehr mit seinem bisher geführten Namen zu firmieren (§ 21 HGB)
und den Namen zusammen mit seinem Ehenamen zu tragen. Das deutsche Namensrecht schreibt

sungsrechtlichen Diskussion die Bedeutung des Personenstands – so wie er vom Staat erfasst wird – gewandelt. Erst kürzlich hat das Bundesverfassungsgericht die Argumentation, dass das Geschlecht des Menschen zwar personenstandsrechtlich erfasst wird, aber dieser Eintrag wenig soziale Relevanz besitzt, weil der Einzelne in der Gesellschaft frei ist, sich einem Geschlecht zuzuordnen,[181] nicht gelten lassen. Vielmehr sei der Gesetzgeber verfassungsrechtlich verpflichtet, personenstandsrechtlich einen positiven Geschlechtseintrag für Personen vorzusehen, die sich weder dem männlichen noch dem weiblichen Geschlecht zuordnen lassen: „Unter den gegebenen Umständen hat die personenstandsrechtliche Anerkennung [...] Identität stiftende und ausdrückende Wirkung. Der Personenstand ist keine Marginalie, sondern ist nach dem Gesetz die ‚Stellung einer Person innerhalb der Rechtsordnung' (§ 1 Abs. 1 S. 1 PStG). Mit dem Personenstand wird eine Person nach den gesetzlich vorgesehenen Kriterien vermessen; er umschreibt in zentralen Punkten die rechtlich relevante Identität einer Person. Daher gefährdet die Verwehrung der personenstandsrechtlichen Anerkennung [...] bereits an sich, das heißt unabhängig davon, welche Folgen außerhalb des Personenstandsrechts an den [...][E]intrag geknüpft sind, die selbstbestimmte Entwicklung und Wahrung der Persönlichkeit einer Person spezifisch".[182] Das Personenstandsrecht ist offenbar mehr als reines Registerrecht. Der staatlich erfasste Personenstand wird zunehmend materialisiert. Diese Materialisierung bedeutet für die Ausgestaltung des Namensrechts, dass beim in den Personenstandsregistern eingetragenen Namen keine Abstriche gemacht werden dürfen – verfassungsrechtlich nicht, aber auch rechtspolitisch nicht, konkret nicht von der Verwirklichung der Selbstdarstellungsfunktion durch eine grundsätzlich umfassende Namenswahlfreiheit.

---

keine starre Namensführung vor und lässt es ausreichen, wenn mit der Namensunterschrift die eindeutige Identifizierung der Person möglich ist. Lediglich gegenüber Behörden ist der rechtlich anerkannte Name, in diesem Fall der Ehedoppelname, anzugeben [...]. Dies stellt nur eine geringe Beeinträchtigung des Persönlichkeitsrechts dar [...]".

181 So etwa von *Dutta/Helms* Geschlechtseintrag „inter/divers" im Geburtenregister? StAZ 2017, 98 (101 ff.).

182 BVerfG 10.10.2017, BVerfGE 147, 1 = StAZ 2018, 15 = FamRZ 2017, 2046, Rn. 45.

Ergebnis

Es lässt sich deshalb mit wenigen Worten festhalten: Das deutsche Namensrecht ist aus vielfältigen namensspezifischen, aber auch übergeordneten Gründen reformbedürftig. Der Gesetzgeber sollte sich bei der Neugestaltung des Namensrechts auf die Selbstdarstellungsfunktion des Namens besinnen und den Bürgern eine grundsätzliche Namenswahlfreiheit gewähren, wobei zum Schutz des Namensträgers und der öffentlichen Ordnung der namensrechtlichen Privatautonomie Grenzen zu ziehen sind. Ein Rückzug des Staates aus dem Namenswesen ist demgegenüber nicht angebracht.

Schriftenreihe der Juristischen Gesellschaft zu Berlin

Mitglieder der Jur Ges erhalten eine Ermäßigung von 40%.

www.ingramcontent.com/pod-product-compliance
Lightning Source LLC
Chambersburg PA
CBHW021610210326
41599CB00010B/692